高等职业教育经管类专业群平台课精品教材
"互联网+"新形态立体化教学资源特色教材

商务数据分析
——基于 R

主　编　韩宝国　何展鸿
副主编　李超锋　郑伟俊　张艳婷　史智博

中国轻工业出版社

图书在版编目（CIP）数据

商务数据分析：基于R／韩宝国，何展鸿主编. —北京：中国轻工业出版社，2023.3
高等职业教育经管类专业群平台课精品教材
ISBN 978-7-5184-4234-8

Ⅰ.①商… Ⅱ.①韩…②何… Ⅲ.①商业统计—统计数据—统计分析—高等职业教育—教材 Ⅳ.①F712.3

中国国家版本馆CIP数据核字（2023）第020354号

责任编辑：张文佳　　　责任终审：高惠京
整体设计：锋尚设计　　责任校对：宋绿叶　　责任监印：张　可

出版发行：中国轻工业出版社（北京东长安街6号，邮编：100740）
印　　刷：三河市国英印务有限公司
经　　销：各地新华书店
版　　次：2023年3月第1版第1次印刷
开　　本：787×1092　1/16　印张：11.5
字　　数：300千字
书　　号：ISBN 978-7-5184-4234-8　定价：45.00元

邮购电话：010-65241695
发行电话：010-85119835　传真：85113293
网　　址：http://www.chlip.com.cn
Email：club@chlip.com.cn
如发现图书残缺请与我社邮购联系调换
221420J2X101ZBW

前言

数字经济蓬勃发展，大数据、人工智能、云计算、5G通信及物联网等新一代信息技术创新突破推动经济社会发生深刻变革。激烈的市场竞争环境对企业的数据分析能力提出了更高要求，也给职业教育人才培养带来了新的挑战。职业院校为培养适应数字经济发展需要的新商科应用型人才，必须加强学生数据思维的训练，帮助学生掌握商务数据分析常用的分析方法和主流分析软件。

教材编写团队，由广东轻工职业技术学院建设中的跨境电子商务国家级职业教育教师教学创新团队的骨干成员组成。2017年，教学团队在经济信息管理专业最先探索《R语言数据分析》课程教学，2020年至今，面向电子商务、国际经济与贸易、物流管理等8个专业，每年约800名学生，开设基于R语言的《商务数据分析》专业群平台课程，将主流的机器学习模型算法及R统计分析软件引入高职商科教学。

教材依据商务数据分析应用的工作流程设计，围绕知识、技能以及素质培养需求组织教学内容，包括九大内容模块，即商务数据分析概述、R语言基础知识、市场定位与细分、商品分类与选品、产品定价与预测、消费者行为预判、用户评论分析、销售及库存调配优化、商务数据可视化与报告。每章按照"知识讲解—示范操作—案例练习"的设计思路，将数据模型的理论知识有机融入大量的商业案例实际分析操作中，以通俗易懂、深入浅出的方式讲解看似复杂的数据模型原理，通过"学中做，做中学"，达到融会贯通的目的。

本教材依托智慧职教平台，提供包括富文本、课件、微课、实操案例与作业（案例数据和代码）等数字化教学资源。登录课程网站可扫描以下二维码。

我们热切盼望来自读者的宝贵建议，使得本教材能够在教学实践中日臻完善。大家的意见建议可发至教材编写团队的工作邮箱：79995392@qq.com。

编者

目 录

第1章 商务数据分析概述 ··· 1

1.1 案例导入 ·· 1
1.2 什么是商务数据分析 ·· 2
1.3 应用商务数据分析 ·· 3
1.4 价值和挑战 ·· 3
1.5 商务数据分析类型 ·· 4
  1.5.1 描述性分析（Descriptive analysis）··············· 4
  1.5.2 预测性分析（Predictive analysis）················ 5
  1.5.3 指导性分析（Prescriptive analysis）············· 5
1.6 商务数据来源 ·· 5
  1.6.1 理解商务数据及其分类 ································ 6
  1.6.2 商务数据的一般来源 ···································· 6
  1.6.3 商务数据收集的原则 ···································· 7
1.7 机器学习技术 ·· 8
  1.7.1 监督学习 ··· 8
  1.7.2 无监督学习 ··· 9
1.8 商务数据分析流程 ·· 9
  1.8.1 需求分析 ··· 9
  1.8.2 数据收集 ··· 9
  1.8.3 数据处理 ··· 10
  1.8.4 分析建模 ··· 10
  1.8.5 数据呈现 ··· 10
  1.8.6 报告撰写 ··· 10
1.9 商务数据分析职业道德行为准则 ·························· 10
1.10 复习思考题 ·· 12

第2章 R语言基础知识 ··· 13

2.1 案例导入 ·· 13

2.2 知识要点 ·· 15
    2.2.1 R软件简介 ·· 15
    2.2.2 R软件的获取和安装 ·· 15
2.3 R语言基础 ·· 21
    2.3.1 函数和变量 ·· 21
    2.3.2 向量 ··· 22
    2.3.3 数据框 ·· 23
2.4 R语言示范操作：一个简单的分析任务 ···································· 25
    2.4.1 加载CSV文件 ·· 25
    2.4.2 划分数据子集 ··· 26
    2.4.3 基础数据分析 ··· 26
    2.4.4 作图 ··· 28
    2.4.5 汇总表 ·· 31
    2.4.6 使用脚本保存工作 ··· 33
2.5 典型案例实操：影响地方财政收入的因素特征分析 ···················· 33

第3章 市场定位与细分 ·································· 35

3.1 案例导入 ·· 35
3.2 知识要点 ·· 36
    3.2.1 市场定位与细分理论 ·· 36
    3.2.2 市场定位细分模型——决策树模型 ································· 38
3.3 R语言示范操作：潜在客户的定位 ·· 43
    3.3.1 样本分割 ··· 44
    3.3.2 初步建立模型 ··· 47
    3.3.3 模型解读 ··· 48
    3.3.4 预测 ··· 49
    3.3.5 模型优化 ··· 50
3.4 扩展学习：随机森林 ··· 51
    3.4.1 随机森林的概念 ·· 51
    3.4.2 随机森林的原理及构建方法 ··· 52
    3.4.3 随机森林R示范操作 ··· 53
3.5 典型案例实操：乐器店目标消费者定位 ···································· 54

第4章 商品分类与选品 ·································· 57

4.1 案例导入 ·· 57

	4.2	知识要点 ·· 58
		4.2.1 商品分类与选品分析 ··· 58
		4.2.2 聚类分析原理及模型 ··· 59
		4.2.3 聚类分析方法 ·· 59
		4.2.4 区间标度度量和数据标准化 ··································· 60
		4.2.5 对象相似度度量 ··· 62
	4.3	R语言示范操作：零售商品分类 ··· 63
		4.3.1 问题表述 ··· 63
		4.3.2 使用的R语言函数 ·· 63
		4.3.3 R语言中的具体操作及结果 ····································· 64
	4.4	R语言示范操作：连衣裙选款 ·· 67
		4.4.1 问题表述 ··· 67
		4.4.2 使用的主要R语言函数 ·· 67
		4.4.3 R语言中的具体操作及结果 ····································· 68
	4.5	典型案例实操：电影聚类分析 ··· 70

第5章 产品定价与预测 ··· 73

5.1	案例导入 ··· 73
5.2	知识要点 ··· 74
	5.2.1 产品定价的步骤与方法 ·· 75
	5.2.2 线性回归模型原理 ·· 78
5.3	线性回归在R语言中的示范操作：波尔多葡萄酒价格预测 ······ 84
	5.3.1 建立初步的线性回归模型 ··· 85
	5.3.2 解读回归结果 ··· 86
	5.3.3 检查自变量间的相关性 ·· 87
	5.3.4 优化模型变量 ··· 87
	5.3.5 预测 ·· 88
5.4	典型案例实操：高端酒店价格预测 ·· 89

第6章 消费者行为预判 ··· 91

6.1	案例导入 ··· 91
6.2	知识要点 ··· 92
	6.2.1 消费者行为理论概述 ··· 92
	6.2.2 消费者行为预判模型——逻辑回归模型 ························ 93
	6.2.3 模型预测与评价 ·· 95

6.3　R语言示范操作：电信转户行为预判 99
　　6.3.1　导入数据 100
　　6.3.2　分割样本为训练集和测试集 100
　　6.3.3　建立逻辑回归模型 101
　　6.3.4　优化模型 102
　　6.3.5　模型评价 103
6.4　典型案例实操：贷款违约行为预判 107

第7章　用户评论分析　109

7.1　案例导入 109
7.2　知识要点 109
　　7.2.1　用户评价分析理论介绍 109
　　7.2.2　评论分析的主要内容 111
　　7.2.3　字符串处理与正则表达式 112
　　7.2.4　中文评论分词 115
　　7.2.5　TF-IDF评论关键词提取 118
　　7.2.6　绘制词云图 120
7.3　R语言示范操作：电影评论文本分析 123
　　7.3.1　评论文本清洗 124
　　7.3.2　短评分词 124
　　7.3.3　短评可视化展示 125
7.4　典型案例实操：电商评论文本分析 126

第8章　销售及库存调配优化　128

8.1　案例导入 128
8.2　知识要点 129
　　8.2.1　问题的提出 129
　　8.2.2　线性规划数学模型及建模步骤 129
8.3　R语言示范操作：销售计划安排 130
　　8.3.1　问题表述及建模 130
　　8.3.2　可视化求解 131
　　8.3.3　使用的R语言包 135
　　8.3.4　R语言中的具体操作及结果 136
8.4　R语言示范操作：库存调配优化 137
　　8.4.1　问题表述及建模 137

  8.4.2 使用的主要R语言包 …………………………………………… 139

  8.4.3 R语言中的具体操作及结果 …………………………………… 139

 8.5 拓展学习：Excel线性规划求解与灵敏度分析 ……………… 140

 8.6 典型案例实操：航空公司机票定价策略 ………………………… 144

第9章　商务数据可视化与报告 …………………………………… 147

 9.1 案例导入 ……………………………………………………… 147

 9.2 知识要点 ……………………………………………………… 148

  9.2.1 R语言可视化基础——ggplot2包 ………………………… 148

  9.2.2 ggplot2 绘图语法结构 ……………………………………… 150

 9.3 商务数据可视化在R语言中的示范操作 ……………………… 152

  9.3.1 ggplot2 绘图包绘制简单散点图 …………………………… 152

  9.3.2 ggplot2 绘图包绘制更复杂散点图 ………………………… 155

  9.3.3 ggplot2 绘图包绘制柱状图 ………………………………… 157

  9.3.4 ggplot2 绘图包绘制折线图、热力图及气泡图 …………… 159

 9.4 商务数据分析报告内容及规范 ………………………………… 168

  9.4.1 商务数据分析报告的作用 …………………………………… 168

  9.4.2 数据分析报告的写作原则及框架 …………………………… 169

 9.5 典型案例实操：WHO数据可视化案例 ………………………… 171

附　录　逻辑回归模型的估计 ……………………………………… 174

第1章 商务数据分析概述

1.1 案例导入

随着现代信息通信技术的快速发展和物流业务量的不断增加,物流服务过程中产生的信息流和相关数据呈现出不断增长的趋势,而信息处理能力的强弱则成为企业之间竞争的关键。京东凭借大数据的质量和价值跻身中国顶级互联网公司之列,借助这些大数据,并对其进行增值处理,就可以为用户提供个性化服务,为业务运营提供智能化支持。

具体而言,京东对大数据技术的应用体现在以下三个方面。

(1)精准的市场预测

京东作为中国较大的自营式B2C电商平台,在"618"年中购物节、"双十一"购物狂欢节等大促销期间流转着千万级的订单数据信息。在大数据技术支持下,京东青龙系统可以根据客户的购物车、浏览时间、评价信息以及收藏夹等所有与销量有关的数据,了解客户的想法及需求,通过聚类分析确定客户群,对商品的生命周期进行预测,做好库存和运输工作的安排,科学有效地利用现有资源。大数据技术的实时性能很好地解决了传统问卷调查法延迟性高、效率低下等问题并根据实时的调研结果安排最佳仓储量,避免错过最佳销售时间。

(2)仓储中心的选址优化

在物流中心的选址过程中,企业需要综合考虑经营环境、基础设施状况、自然环境、其他因素等。企业要达到成本最小化这个目标,传统的方法如重心法大多不切实际,无法采用。这就需要利用大数据分析方法使企业根据不同的需求选择合适的算法,从而获得最大效益。

2017年8月，京东物流用大数据在唐山建成国内首个"前店后仓"体验中心。京东大数据显示，三、四线城市的日平均单量增速比一、二线的增速高20%，未来三、四线城市也将是京东重点布局的方向。截至2018年，京东物流充分利用大数据技术合理规划布局，在全国拥有7个物流中心、335个大型仓库，自营配送覆盖了全国99%的人口。

（3）物流线路的优化

京东致力于解决"旅行商问题"，通过车载导航系统以最快的速度反映出影响配送计划的因素，优化货物的运送路径及配送顺序，提高配送车辆的有效利用率。此外，"618"和"双十一"期间，仓库拣选作业路线的规划至关重要。京东通过大数据分析制定了特定的算法，以便在拣选货物时使单个物品的耗时从22秒降至16秒。同时，京东大数据在搬运小车路径规划方面的应用也极为科学，其运用时空大数据等技术协调规划仓库整体搬运路线使搬运小车有序作业，尽量减少拥堵[①]。

> **思 考**
>
> 京东是如何利用商务数据分析结果提升运营效率的？

1.2 什么是商务数据分析

每个人、每个企业都需要经常做决策。个人需要决定的事情很多，比如，是否继续受教育还是尽早工作，买房还是租房，购买什么样的商品，为退休准备什么样的储蓄计划等。商业企业的管理者也要做出很多决定，包括生产什么产品，如何定价，在哪里建厂，招聘多少人，如何分配广告预算，投资、并购决定，生产计划等。这些决定对个人和企业都有重大的经济意义，同时这些决定因为数据的不确定和不完美信息的存在又很难做出。

随着数据的极大丰富，人们不再仅仅依靠经验和直觉做出决定，而是依赖客观数据和分析来辅助决策。支持商务决策的数据，包括企业专门收集的数据和从社交媒体挖掘的数据，正在以势不可当的指数形式爆炸式增长，这使得分析的难度不断加大。作为应对，越来越多的公司成立专门的数据分析部门，企业对数据分析人才的需求增长迅速。

商务数据分析综合运用信息技术、统计分析和数学优化模型等工具对数据进行分析，帮助人们加深对商务运作的认识，以做出更好的基于事实的决定。商务分析是将繁杂的数

---

① 资料来源：许美贤，郑琰. 大数据技术在物流企业中的应用——以京东企业为例［J］. 电子商务，2019（05）：55-56.

据转化为对商业决策有价值的信息的过程,这个过程依托了许多商用统计分析软件,如Excel及其数据分析插件、SPSS、SAS、Stata、MatLab,以及应用广泛的开源软件,如R,Python等。

1.3 应用商务数据分析

商务数据分析应用广泛,包括但不限于客户关系管理、金融和市场活动、人力资源管理、供应链优化等方面。金融机构采用数据分析来预测和防范金融违约行为;制造业企业采用数据分析来进行生产计划、采购及库存管理;零售企业采用数据分析来向顾客推荐产品并优化市场推广活动;娱乐休闲行业通过数据分析来掌握客户偏好,改进网站设计,优化营业时间和票务预订流程;航空业和酒店业基于数据分析动态调整票价以达到收入最大化的目标;棒球、篮球、足球等竞技体育使用数据分析来确定竞争策略和球员引进计划等。

1.4 价值和挑战

商务数据分析技术在企业数字化转型中扮演着重要角色。数据分析能帮助企业提高决策质量,降低运营成本,加强抗风险能力,同时缩短决策时间,提高生产率,进而提高企业利润和客户满意度。以享誉世界的青岛啤酒为例,全球平均每分钟饮用4万瓶,一年生产180亿瓶,连起来可绕地球119圈,相当于地球往返月球7次。青岛啤酒建立了一个面向全球消费者的大数据库,涵盖了从各种途径调研而来的市场信息,包括全球各个国家的啤酒风味、各种啤酒的生产工艺、各地消费者的消费偏好和口味变化、各地消费者选择的渠道和变化趋势等。通过分析全球大数据,青岛啤酒在保持自身独特风味的同时,会根据不同国家、地区的特点,在配方、工艺、口味、造型、包装和渠道上,因地制宜地进行调整。同时,青岛啤酒还能进行快速的产品创新,根据不同的消费阶段,及时地推出新研发的产品[①]。

[①] 资料来源:《寻路丨青岛啤酒:为啥更受发达国家喜爱?》https://baijiahao.baidu.com/s?id=1633125173519936848&wfr=spider&for=pc.

同时，商务数据分析正在改变人们进行商务决策的过程。要在激烈的市场竞争环境中谋求发展，企业必须持续创新以求增加收入和提高市场份额，降低成本，稳定和获得新的客户。企业决策从依靠主观判断和直觉逐步向以事实为基础的决策方式转变，决策要更具前瞻性。企业中越来越多的人将参与数据分析。在数据分析成为企业决策主流的进程中，企业面临诸多挑战，包括对如何使用数据分析缺乏了解、分析技能不足、在收集数据和分享信息方面存在困难、对数据分析的收益和成本认识不深等。数据分析要获得成功仅仅依靠掌握工具是远远不够的，还需要站在支持公司组织的竞争战略和执行高度来理解如何应用数据分析。

中国互联网络信息中心（CNNIC）发布的第50次《中国互联网络发展状况统计报告》显示：截至2022年6月，我国网民规模达10.51亿，互联网普及率达74.4%，是全球最为庞大、生机勃勃的数字社会。根据国际数据公司（IDC）测算结果，2018年中国拥有数据量为7.6ZB（1ZB=十万亿亿字节），占全球数据量的23.4%；预计随着通信设备、物联网设备接入数量和承载能力进一步提高，中国的数据量在2025年将达到48.6ZB，占全球数据量的27.8%，远高于美国的17.5%，成为全球最大的数据中心。

随着数字经济的蓬勃发展，数据作为核心要素必将在新一轮的竞争中起关键作用，而商务数据分析在数字经济发展下同样面临着机遇和挑战。一方面，商务数据分析对于从海量数据中提取有效信息起到至关重要的作用，但另一方面，低质而庞大的数据也让数据采集、清洗和建模等环节变得更为复杂。

1.5 商务数据分析类型

商务数据分析从数据的收集、组织和操作开始，主要包括三种分析类型。

1.5.1 描述性分析（Descriptive analysis）

大多数企业从描述性分析开始，使用数据帮助理解过去和现时业务的表现，以做出合理的决定。描述性分析应用范围最广，是接受面最大的一种分析类型。描述性分析把数据归类、表征、整合及区分，以揭示有用的商业信息，把数据总结成有意义的统计图表和报告，例如预算、销售、成本报告等，从中可以清楚地看到企业的经营成效。

1.5.2 预测性分析（Predictive analysis）

预测性分析通过审视历史数据、探查数据揭示的变量间的关系来预测未来。例如，市场分析者可能需要预测不同客户细分群体对于广告投放的反应。贸易商希望预测商品价格的短期变化。预测性分析能够帮助发现在大量数据里隐含的关系图谱，把数据细分、归类组合成一个内部关联的数据集，可以进行行为预测、趋势预测。预测性分析帮助回答类似这样的问题，"如果需求降低10%，企业收入会受到多大影响？""新的业务成功的概率有多大？""接下来的三个月，工厂的运营成本有多大？"等问题。

1.5.3 指导性分析（Prescriptive analysis）

许多问题，如航班安排、企业人力资源规划或是供应链优化等，涉及许多选项，需要决策者全面考虑。指导性分析是使用数学运筹规划方法来识别能够实现最佳目标的最佳选项，其广泛应用在诸多商业领域，如运营、市场和金融等领域。指导性分析回答的问题，如"企业应该生产多少产品以达到利润最大化？""从工厂运送货物到客户的最小成本方式是什么？""如何分配航班折扣与非折扣票价座位数以达到航班收入最大化？"等。

1.6 商务数据来源

数字经济时代，无论是个人还是组织都会接触到大量的数据和信息。一部分数据是在企业运营过程中采集的，既有数值形式的，如产品销售价格和数量，也有文本形式的，如客户特征信息，乃至以音频和视频形式存储的数据。经济分析师使用数据帮助企业理解和预测经济趋势、利率及行业发展情况。企业运营经理运用生产数据、质量数据、成本数据、供应链响应速度等来提高运营效率。

当前更多的数据是从互联网获得的。在大数据挖掘技术支撑下，市场分析者收集互联网使用行为的多方面数据，包括网页的浏览量、访问者的所在地、浏览时间段和时长、检索和购买的产品、阅读什么样的评论等。采用合适的数据分析技术，市场分析者能够知道顾客最喜欢看的内容是哪些、广告点击情况、最频繁光顾的客户是哪些、浏览了产品信息但是没有购买的客户的类型等。市场分析者不仅能够懂得客户已经做了什么，也能够更好地预测顾客的未来行为。

1.6.1 理解商务数据及其分类

（1）商务数据的定义

数据是对客观事件进行记录并可以鉴别的符号，是对客观事物的性质、状态以及相互关系等进行记载的物理符号，包括数字、字母、图像、音频、视频等多种表现形式。

商务数据是指商业组织所在的价值链上各个重要环节的历史信息和即时信息的集合。商务数据收集即根据商业组织自身的需求和用户的需要收集相关的数据。

（2）商务数据的分类

商务数据按照来源分为两种：一种是通过直接的调查获得的原始数据，称为一手数据或直接的统计数据，如调查问卷、访谈提纲等；另一种是别人调查、加工和汇总后公布的数据，通常称为二手数据或间接的统计数据，如统计年鉴、网页数据等。

商务数据按照规模可分为大数据和传统数据。大数据是指规模达到在获取、存储、管理、分析方面大大超出了传统数据库软件工具能力范围的数据集合，具有Volume（大量）、Velocity（高速）、Variety（多样）、Value（低价值密度）及Veracity（真实性）的特点，其中第五个特征尤为重要，真实的高质量数据是好的决策的关键。我们一般称PB单位以上规模的数据为大数据，传统数据相对大数据而言规模较小。当前商业活动中主要获取和使用的还是传统数据。

1.6.2 商务数据的一般来源

（1）企业内部的数据

就商务企业而言，其内部的各种管理系统，如产品采购和管理系统、客户服务管理系统、仓储管理系统、财务管理系统等，都可以积累大量数据。商务企业即便没有建立任何管理系统，只要做好日常的数据积累和保存工作，也可以从日积月累的运营数据中采集到可用于分析的数据。

（2）企业调研的数据

调研数据是企业重要的商务数据来源，而问卷调查则是企业进行调研的一种常用手段，它是一种挖掘事实和现状的研究方式，其最主要的目的是搜集某一目标客户对某项问题的基本反馈信息。

（3）公开的数据

许多数据机构、杂志、报纸等组织或媒体，通常会提供一些可免费获取的公开数据，这些数据可能反映某个市场的情况，也可能反映某个行业的情况。对企业而言，这类数据不会产生任何获取成本，且具有足够的专业性和准确性。

（4）合作伙伴的数据

当企业需要获取自身无法得到的专业数据时，可以向合作伙伴寻求帮助，例如从上下游合作伙伴处得到自身所处行业的相关数据，或在专门出售数据的第三方合作伙伴处购买需要的数据。这些数据不论是从全面性、专业性，还是从准确性来看，都是非常可靠的，只是可能会产生一定的获取费用。

（5）网络平台或工具软件采集的数据

网络平台或工具软件采集的数据是企业目前十分青睐的商务数据来源。随着互联网和大数据技术的不断发展，利用网络平台或工具软件获取数据变得越来越快捷。电商平台、搜索引擎等网络平台会产生海量的数据，企业可以运用一些数据采集工具软件，从这些网络平台中获取需要的数据，供后续分析使用。

1.6.3 商务数据收集的原则

商务数据来源广泛，为保证数据收集工作的有效性和数据价值，实际工作过程中应注意以下几个原则。

（1）及时性

及时性要求数据分析人员注意数据的时效性，过时的数据无法解决当下的问题。例如，考虑到物价变动、技术革新等因素，一份10年前的市场调研数据对企业当下的决策没有什么价值。

（2）全面性

全面性要求数据分析人员要充分考虑内部和外部的数据来源，避免以偏概全、选择性偏差等。选择性偏差是指在研究过程中因样本选择的非随机性而导致得到的结论存在偏差。例如，一家企业想了解新产品的目标市场，调查人员设计了调查问卷和访谈提纲并投放到大学社区中，最后收集到的数据显示，对新产品感兴趣的人群是以18～25岁的年轻人为主。这样的数据不具备全面性，因为大学社区的受访者不能代表企业全部潜在客户，收集的数据也无法作为分析典型用户年龄的依据。

（3）相关性

相关性原则是指收集的商务数据与商业问题需要紧密相关。数据分析人员应当与各部门充分沟通，了解问题的来龙去脉后才可着手开始数据收集工作。并且在实施过程中，有时需要舍弃无关紧要的细节，保留最重要、最关键且对结果造成影响的特征。

（4）经济性

经济性即成本效益原则，指商务数据分析人员在选择要分析的商业指标、确定数据收集方法和流程的过程中，要将可能产生的效益和花费的人力、物力、财力、时间等成本进行衡量，从而制定更为经济可行的数据收集方案。

1.7 机器学习技术

机器学习技术正在改变世界。每一个组织，或大或小，都在寻求从其存储和处理的大量数据中抽取有用的信息。预测未来的渴望推动从市场到健康各领域的数据科学家开发和应用新的数据分析方法。当我们面对"堆积成山"的数据，想抽丝剥茧，渴望找出有用的信息，却又无从下手时，机器学习技术可以大展身手。

在机器学习的世界里，我们的目标是发现隐藏在数据背后的知识，我们可以用这些发现的知识做出更好的决策。机器学习应用的领域非常广泛：

①细分客户群体，确定不同客户群体的专属市场信息。
②发现信息系统应用记录里的不寻常信息，以提前采取措施防范网络攻击。
③根据市场和环境变化预测产品需求。
④根据顾客过往消费历史和相似客户群体的偏好分析，为客户提供差异化服务。
⑤根据预测的需求量为酒店房间定价。

在计算机科学中，经常会遇到算法这个概念，简单来说，算法就是执行流程中需要依照的一系列步骤，是一系列精确的观察、判断和命令，告诉计算机如何执行某个行动。机器学习技术包括监督学习和无监督学习等。监督学习算法是在设定标签的历史数据引导下学习其中的模式，而无监督学习是在没有设置预期产出标签的数据集中寻找有意义的信息。

1.7.1 监督学习

监督学习技术（Supervised Learning）是最常用到的机器学习算法种类。这些技术的目的是使用历史数据生成一个模型，来帮助对新数据代表的未来做出预测。更正式地来说，监督学习使用训练数据集作为输入，通过监督学习，生成一个预测模型，作为输出。称之为监督学习的原因是，训练集包含了对预测任务重要的数据标签。

举一个银行审批房屋贷款的例子。房屋贷款存在还贷违约风险。有经验的贷款审批人员会根据贷款者的综合信息判断贷款者违约的可能是大是小，如果贷款者违约可能性小，就可以提供较低的房贷利率，反之则提高贷款利率。与依靠经验和直觉不同，可采用机器学习技术提高决策效率，首先收集历史客户的年龄、职业、受教育情况、收入等数据，然后根据其贷款后还贷情况，给每位历史客户打上违约或是履约的标签。在这个由历史数据组成的训练集中，通过监督学习技术，生成贷款客户是否履约的预测模型，当有新客户来的时候，将其数据代入模型，就能预测其履约概率，从而帮助确定其合理的贷款利率。

回归技术和分类技术都是监督学习中的典型分析技术。回归技术中的线性回归模型帮助我们预测一个数值，逻辑回归可以帮助我们预测二元选择行为概率；决策树等分类技术帮助我们预测结果属于哪一类。

1.7.2 无监督学习

无监督学习（Unsupervised Learning）与监督学习的工作机制不同。监督学习基于有标签的数据生成模型，而无监督学习是在无标签的训练集上生成模型，无监督学习能够帮助我们发现数据中隐含的模式。举例来说，汽车销售部门准备进行一次市场推广活动，在汽车商的数据库中有顾客的信息，通过无监督学习，可以把客户分为几个偏好相似的群体，然后针对每个群体推出市场推广计划，会取得更好的推广效果。再举一例，商店在考虑如何在货架上摆放商品时，如果能把顾客喜欢一起购买的商品放在一起，会节省顾客购买的时间、增加销量，采用无监督学习中的关联技术就能够发现什么样的商品是顾客喜欢一起购买的。在后续章节中将介绍的聚类（Clustering）分析技术就是无监督学习的一种。

1.8 商务数据分析流程

商务数据分析的目的是帮助解决商业问题。商务数据分析过程可分为需求分析、数据收集、数据处理、分析建模、数据呈现及报告撰写等步骤。

1.8.1 需求分析

发现和清晰定义商务问题，明确分析目标。将目标分解为若干分析要点，确定分析任务，根据任务属性，确定分析指标、分析逻辑模式及分析技术，为后续步骤打下坚实基础。

1.8.2 数据收集

按照分析任务，收集相关数据。一手数据是通过访谈、咨询、问卷等方式直接获得的数据，获取方法包括调查法、实验法等；二手数据是经过初步加工整理的数据，其获取渠道包括企业内部和外部，企业内部的二手数据包括营销、运营及财务数据等，企业外部的二手数据可通过行业协会、专业调研公司及政府统计机构等获得。

1.8.3 数据处理

数据处理是指将原始数据加工整理成适合数据分析的格式。数据处理的目的是从大量的、杂乱无章的、难以理解的数据中提炼出对解决问题有价值、有意义的数据。如果数据本身存在错误，无论采取什么先进的分析方法，得到的结果都是不可靠的。数据处理主要包括数据清洗、转化、抽取、合并等环节，可在Excel中进行。

1.8.4 分析建模

分析建模是指采用适当的分析模型及分析软件，从数据中提取有价值的信息，形成有效结论的过程。分析方法发展很快，从常用的数据统计描述分析，如同比、环比趋势分析等，到机器学习分析方法等。一般的数据分析，通过Excel就可以完成，较为复杂的分析在R，Python，Stata，SAS，SPSS等分析软件中完成，其中R和Python是主流的数据分析开源软件。

1.8.5 数据呈现

通过数据分析，隐藏在数据内部的关系和规律就会显现出来。多数情况下，人们更愿意接受图表这种数据呈现形式，能用图说明问题的，就不用表格，能用表格说明问题的，就不用文字。R，Python语言的数据可视化能力都比较强，能较好地满足数据呈现需求。

1.8.6 报告撰写

数据分析报告是对整个数据分析过程的一个总结。通过报告，把数据分析的起因、过程、结果及建议全面系统呈现出来，以供决策者参考。一份好的分析报告，要层次明晰、图文并茂、结论明确。

1.9 商务数据分析职业道德行为准则

商务数据分析工作者要恪守国家有关数据安全等相关领域的法律规定；将数据产权、用户利益和机构利益置于个人利益之上，保护数据资产的安全性，遵循数据的真实性、可靠性，禁止技术欺诈、数据造假、非法交易，损害用户和机构的利益；不使用或滥用他人的产权，包括数据资产、知识产权等。

相关法律法规也明确规定了网络运营者保护网络数据安全的责任和义务。《中华人民共和国数据安全法》规定："任何组织、个人收集数据，应当采取合法、正当的方式，不得窃取或者以其他非法方式获取数据。法律、行政法规对收集、使用数据的目的、范围有规定的，应当在法律、行政法规规定的目的和范围内收集、使用数据。"《中华人民共和国网络安全法》规定："网络运营者不得收集与其提供的服务无关的个人信息，不得违反法律、行政法规的规定和双方的约定收集、使用个人信息，并应当依照法律、行政法规的规定和与用户的约定，处理其保存的个人信息。"

商务数据分析工作者在从业过程中，必须严格遵守相关法律法规，遵循职业道德行为准则，并保持科学严谨、认真细致的工作态度；维护国家、企业和个人的信息安全，将数据分析技术应用到提升管理决策效率、创造企业价值的积极作用上来。

微案例

一系列专项执法行动，给2019年个人信息数据保护打上了鲜明的执法烙印。公安部"净网2019"、市场监管总局"守护消费"暨打击侵害消费者个人信息违法行为、工信部网安局"电信和互联网行业提升网络数据安全保护能力"、工信部信管局"信息通信领域App侵害用户权益"等专项执法行动，力度之大前所未有[①]。

2019年全年中央网信办、工信部、公安部、市场监管总局四部门联合在全国范围组织开展App违法违规收集使用个人信息专项治理。2019年12月30日，《App违法违规收集使用个人信息行为认定方法》（以下简称《认定方法》）正式公布，将共31种违法违规收集使用个人信息行为分为未公开收集使用规则、未明示收集使用个人信息的目的方式和范围、未经用户同意收集使用个人信息、违反必要原则收集与其提供的服务无关的个人信息、未经同意向他人提供个人信息、未按法律规定提供删除或更正个人信息功能或未公布投诉举报方式六大类。

移动互联网时代，App是个人信息生成、收集、获取、迁移的重要载体。所有立法和标准最终都要归结为对具体应用的执法力度。2019年的专项行动和年底《认定方法》的出台，使得个人信息保护在执法层面得以真切落实，也使得后面将要进一步讨论的合规和惩罚问题变得格外突出。

[①] 资料来源：凌斌.《2019年十大个人信息数据保护事例盘点》http://www.jcrb.com/legal/fzyc/202001/t20200123_2104064.html.

1.10 复习思考题

1. 借助互联网查找资料,谈谈商务数据分析应用在零售业领域的成功应用案例。
2. 借助互联网查找资料,阐述大数据带来的价值和挑战。
3. 指出机器学习技术中的监督学习与无监督学习的差异。
4. 谈一下你对商务数据分析职业道德行为准则的理解。

第2章
R语言基础知识

2.1 案例导入

影响地方财政收入的因素特征分析[①]

财政收入，是指政府为履行其职能、实施公共政策和提供公共物品与服务需要而筹集的一切资金的总和，表现为政府部门在一定时期内（一般为一个财政年度）所取得的货币收入。财政收入是衡量一国政府财力的重要特征，政府在社会经济活动中提供公共物品和服务的范围和数量，在很大程度上取决于财政收入的充裕状况。

在我国现行的分税制财政管理体制下，地方财政收入不但是国家财政收入的重要组成部分，而且具有其相对独立的构成内容。如何制订地方财政支出计划，合理分配地方财政收入，促进地方的发展，提高市民的收入和生活质量是每个地方政府需要考虑的首要问题。因此，对于地方财政收入的影响因素特征分析和财政收入预测就显得尤为重要。

假设你是数据分析师，需要分析影响地方财政收入的因素特征，以便识别关键影响因素，应该选取哪些特征指标呢？由于1994年我国对财政体制进行了重大改革，开始实行分税制财政体制，影响了财政收入相关数据的连续性，在1994年前后不具有可比性。可以根据1994年至2013年的地方宏观数据进行分析（数据均来自《中国统计年鉴（1994—2013）》）。

各项特征名称及特征说明如下：

➢ employed members（社会从业人数）：就业人数的上升伴随着居民消费水平的提高，从而间接影响财政收入的增加。

➢ employee incomes（在岗职工工资总额）：反映的是社会分配情况，主要影响财政收入中的个人所得税、房产税以及潜在消费能力。

[①] 资料来源：韩宝国，张钧良. R语言商务数据分析实战 [M]. 北京：人民邮电出版社，2018：48-50.

> retail sales（社会消费品零售总额）：代表社会整体消费情况，是可支配收入在经济生活中的实现。当社会消费品零售总额增长时，表明社会消费意愿强烈，部分程度上会导致财政收入中增值税的增长；同时当消费增长时，也会引起经济系统中其他方面发生变动，最终导致财政收入的增长。

> disposable income（城镇居民人均可支配收入）：居民收入越高消费能力越强，同时意味着其工作积极性越高，创造出的财富越多，从而能带来财政收入的更快和持续增长。

> consumption expenditure（城镇居民人均消费性支出）：居民在消费商品的过程中会产生各种税费，税费又是调节生产规模的手段之一。在商品经济发达的今天，居民消费的越多，对财政收入的贡献就越大。

> population（年末总人口）：在地方经济发展水平既定的条件下，人均地方财政收入与地方人口数呈反比例变化。

> fixed assets investment（全社会固定资产投资额）：建造和购置固定资产的经济活动，即固定资产再生产活动，主要通过投资来促进经济增长，扩大税源，进而拉动财政税收收入整体增长。

> GDP（地区生产总值）：表示地方经济发展水平。一般来讲，政府财政收入来源于即期的地区生产总值。在国家经济政策不变、社会秩序稳定的情况下，地方经济发展水平与地方财政收入之间存在着密切的相关性，越是经济发达的地区，其财政收入的规模就越大。

> primary output（第一产业产值）：取消农业税、实施三农政策，第一产业对财政收入的影响更小。

> tax（税收）：由于其具有征收的强制性、无偿性和固定性特点，可以为政府履行其职能提供充足的资金来源。因此，各国都将其作为政府财政收入的最重要的收入形式和来源。

> CPI（居民消费价格指数）：反映居民家庭购买的消费品及服务价格水平的变动情况，影响城乡居民的生活支出和国家的财政收入。

> proportion32（第三产业与第二产业产值比）：表示产业结构。三次产业生产总值代表国民经济水平，是财政收入的主要影响因素，当产业结构逐步优化时，财政收入也会随之增加。

> consumption level（居民消费水平）：在很大程度上受整体经济状况GDP的影响，从而间接影响地方财政收入。

思 考

结合案例数据，如何对市财政收入影响因素的特征进行分析？

2.2 知识要点

2.2.1 R软件简介

在本章中，我们会介绍软件R，并涵盖入门的基础知识。R是用于数据分析、统计计算和绘制图形的软件环境，也是一种使用起来很自然的编程语言，只需几行代码就能完成数据分析。R的第一代版本由奥克兰大学的Robert Gentleman和Ross Ihaka在20世纪90年代中期开发。该软件是免费的，属于开源项目，人人都可以使用，其使用广泛，并且新的功能和软件包也一直在开发。

如果想了解更多关于R的知识，有很多在线资源可供使用，感兴趣的读者可自行查阅。

2.2.2 R软件的获取和安装

获取和安装R很容易，具体步骤如下：

第一步：登录R语言官方网站https://www.r-project.org（图2-1），点击download R。

图2-1　R官方网站

第二步：在弹出的镜像（Mirrors）页面（图2-2）上选择合适的镜像入口（图2-3）。如果你在中国，直接选择China下离你近的一个镜像即可。

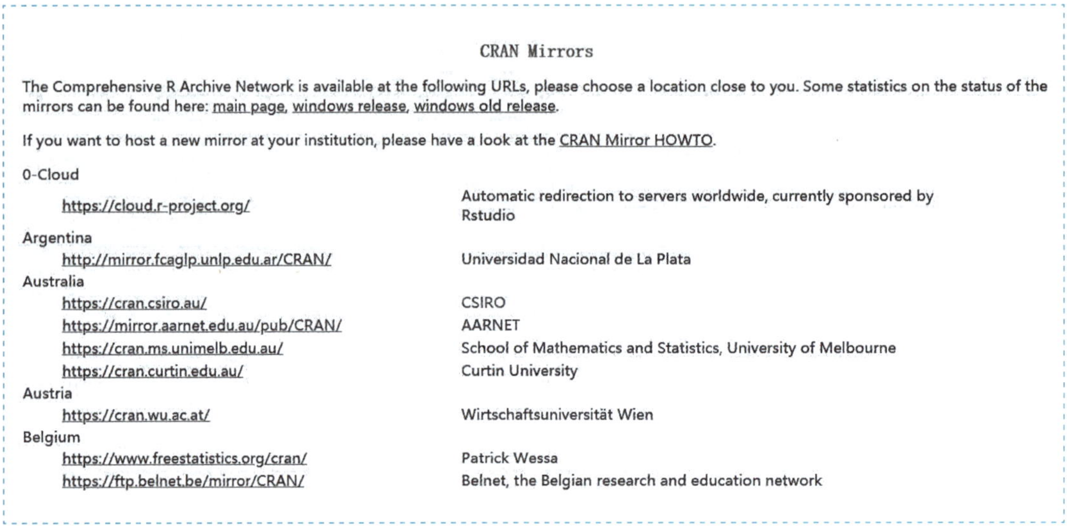

```
CRAN Mirrors
The Comprehensive R Archive Network is available at the following URLs, please choose a location close to you. Some statistics on the status of the
mirrors can be found here: main page, windows release, windows old release.
If you want to host a new mirror at your institution, please have a look at the CRAN Mirror HOWTO.
0-Cloud
        https://cloud.r-project.org/              Automatic redirection to servers worldwide, currently sponsored by
                                                  Rstudio
Argentina
        http://mirror.fcaglp.unlp.edu.ar/CRAN/    Universidad Nacional de La Plata
Australia
        https://cran.csiro.au/                    CSIRO
        https://mirror.aarnet.edu.au/pub/CRAN/    AARNET
        https://cran.ms.unimelb.edu.au/           School of Mathematics and Statistics, University of Melbourne
        https://cran.curtin.edu.au/               Curtin University
Austria
        https://cran.wu.ac.at/                    Wirtschaftsuniversität Wien
Belgium
        https://www.freestatistics.org/cran/      Patrick Wessa
        https://ftp.belnet.be/mirror/CRAN/        Belnet, the Belgian research and education network
```

图 2-2　镜像页面

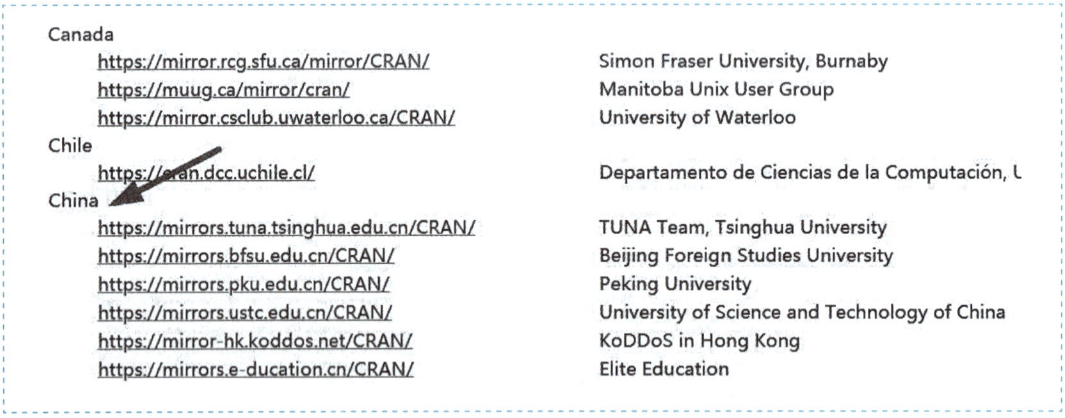

```
Canada
        https://mirror.rcg.sfu.ca/mirror/CRAN/    Simon Fraser University, Burnaby
        https://muug.ca/mirror/cran/              Manitoba Unix User Group
        https://mirror.csclub.uwaterloo.ca/CRAN/  University of Waterloo
Chile
        https://cran.dcc.uchile.cl/               Departamento de Ciencias de la Computación, L
China
        https://mirrors.tuna.tsinghua.edu.cn/CRAN/ TUNA Team, Tsinghua University
        https://mirrors.bfsu.edu.cn/CRAN/         Beijing Foreign Studies University
        https://mirrors.pku.edu.cn/CRAN/          Peking University
        https://mirrors.ustc.edu.cn/CRAN/         University of Science and Technology of China
        https://mirror-hk.koddos.net/CRAN/        KoDDoS in Hong Kong
        https://mirrors.e-ducation.cn/CRAN/       Elite Education
```

图 2-3　选择合适的镜像入口

第三步：选择镜像后就会跳转到下载页面，此时即可根据自己电脑的操作系统点击选择并安装（图2-4）。

根据使用的电脑操作系统，选择对应的R版本。对于Windows系统用户，点开Download R for Windows之后界面如图2-5所示。网站上提供了两类Windows上的R安装文件：base和contrib。后者是一个包含所有扩展包的Windows二进制安装文件，而前者仅仅是包含基本功能的二进制版本。由于我们之后还会不断安装自己需要的包，所以在安装阶段选base版本就可以。

图 2-4　根据电脑操作系统选择并安装

图 2-5　Download R for Windows 界面

安装成功之后，在开始菜单中就会弹出R应用程序的图标，点击该图标，就同时打开了R图形用户界面（RGui）和R控制台（R Console），如图2-6所示。

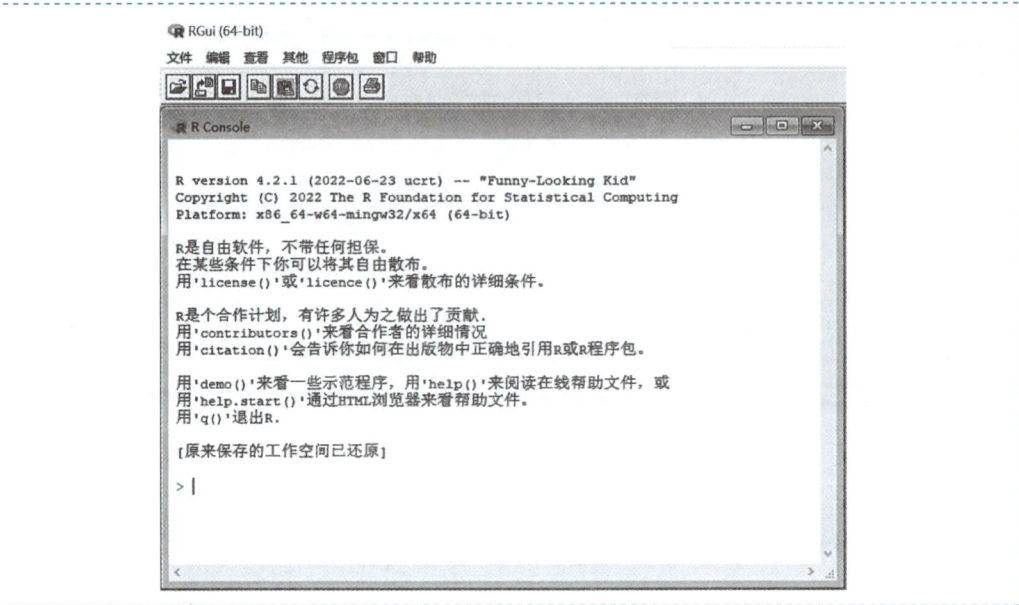

图 2-6　Windows 系统 R 界面

（3）R的集成开发环境：RStudio

RStudio是一个R语言的集成开发环境（IDE）。所谓集成开发环境，就是把你做开发工作所需要的代码编辑器、编译器、调试器等工具都集成在一个界面环境下，方便同时使用。

RStudio软件的下载地址：

https://rstudio.com/products/rstudio/download/。

在官网进行下载安装即可，如图2-7所示。

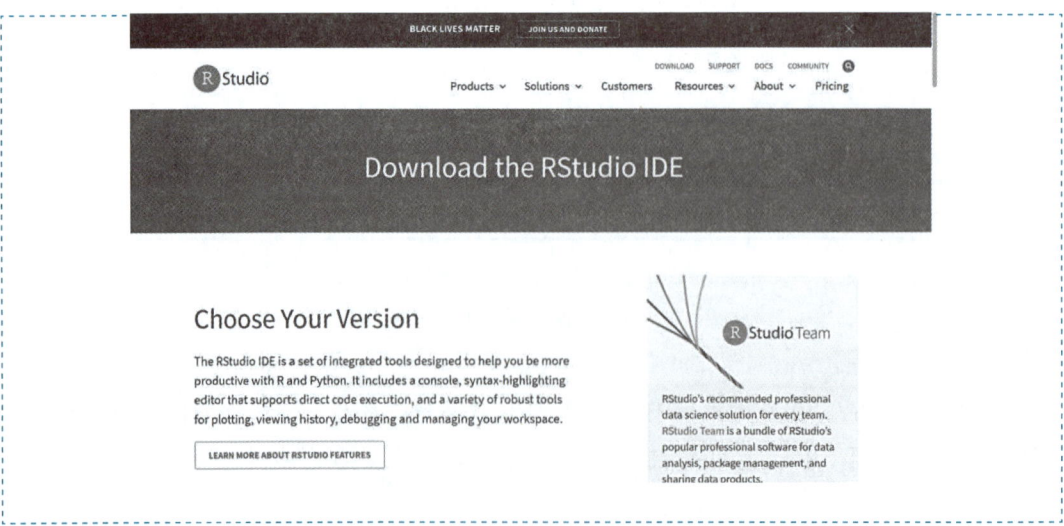

图 2-7　RStudio 的下载界面

安装后，打开RStudio的界面如图2-8所示。

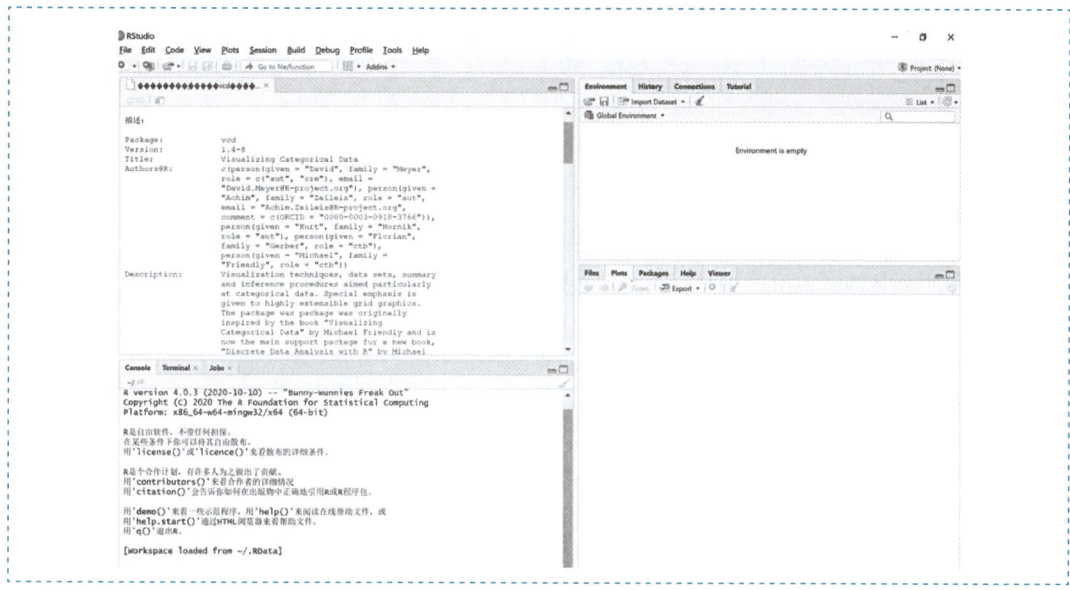

图 2-8　RStudio 的界面

（4）R包的获取与安装

这一小节，我们来介绍R中可大大拓展你的分析技能的利器——R包。

① 什么是R包，为什么要安装？

所谓R包，就是一个把R函数、数据、预编译代码以一种定义完善的格式组织在一起的集合（图2-9）。

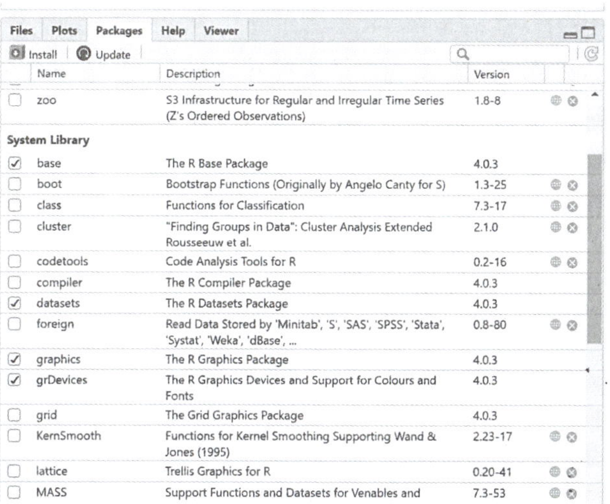

图 2-9　RStudio 中的 R 包

第 2 章　R 语言基础知识　　19

R在安装时会自带一系列默认包（包括base，datasets，stats，methods，graphics等），它们提供了很多功能丰富的函数与数据，大家可以自行调出学习，命令search( )可以告诉你工作空间里已有哪些包可直接使用。当然，如果需要装备更多的拓展技能，就需要安装新包来实现了。

② 怎样安装包？

在RStudio中安装包有两种方法：一种是直接通过命令安装包：install.packages ("package_name")；另一种是选中如图2-8所示的右下方界面中的Packages后，点击Install，就会弹出如图2-10所示的方框，直接在其中输入包的名称即可。

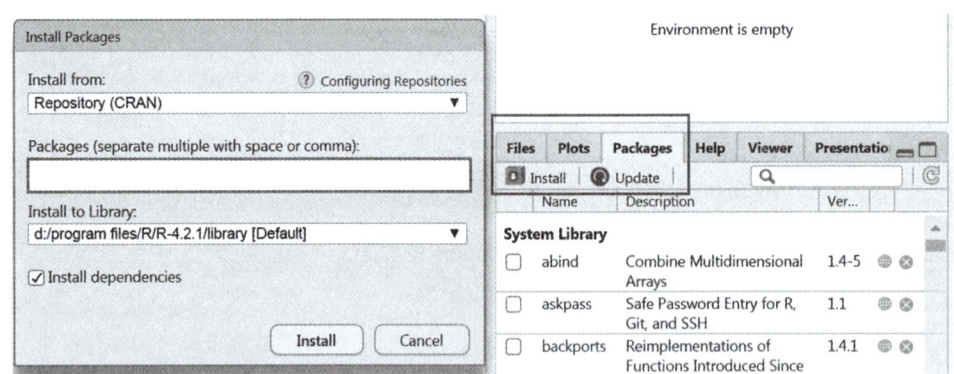

图 2-10　RStudio 安装 R 包

另外，一个包只要安装一次就可永久使用。当遇到包的作者进行了更新时，通过命令update.packages( )即可迅速检查并更新已经安装的包。RStudio中右下部分有一键更新包按钮。

（5）基础计算

在R控制台（R Console）中，只应在箭头符号即大于号后输入命令。可以直接在控制台中输入命令，或者使用脚本文件。我们强烈建议使用脚本文件来保存工作。本章稍后会更详细地讨论如何使用脚本文件保存、运行命令。

我们现在开始使用R进行基础计算。尝试在R控制台中的"＞"符号后输入5*78，按下回车键，然后在"＞"符号后输入3^8，再按下回车键。此时在R控制台，将看到以下内容：

>5*78

[1] 390

> 3^8

[1] 6561

第一行计算了5和78的乘积（390），第二行计算3的8次方（6561）。[1]是R标记输出的方式。如果输入的命令不完整，R会显示一个加号，例如，我们只输入3^并按回车键，形成了下面的输出，"+"，一个加号。出现加号是R在提醒所输入的命令没有完成，此时可继续输入完成该命令，也可以按Esc键退出，返回到以大于号">"开头的命令行。本例中，选择输入数字8完成命令输入，得到结果6561。

R有快捷方式来滚动浏览先前的命令。只需点击向上箭头键，就可滚动浏览当前会话中先前运行的命令，也可以使用向下箭头键返回到命令列中已经开始的位置。

```
> 3^
+ 8
[1] 6561
```

2.3 R语言基础

2.3.1 函数和变量

R主要通过函数和变量的方式运作。一个函数可以有几个参数或输入，并返回一个输出变量。如果你熟悉Excel，R中的函数和Excel中的函数非常相似，例如，R中的平方根函数是sqrt( )，绝对值函数是abs( )。以下的输出显示了如何使用这些函数，第一个是求6的平方根，第二个是求−45的绝对值。

```
> sqrt(6)
[1] 2.44949
> abs(−45)
```

R内置了成千上万的函数，我们将在后面的章节中添加软件包来运用更多的函数。在R控制台中输入问号后输入某个函数的名称（例如？sqrt），就可获取该函数的使用帮助信息，也可以尝试在线搜索获取关于函数使用的更多信息。

我们经常需要保存函数的输出以便以后使用，这可以通过将该输出赋值给变量。以下的R代码将sqrt函数的输出赋值给名为SquareRoot3的变量。

> SquareRoot3 = sqrt(3)

将sqrt函数的输出赋给一个变量名时是看不到输出的,要检查一切是否正常运作,只需在R控制台中输入变量名,然后按Enter键查看变量的值。

> SquareRoot3
[1] 1.732051

这里使用了等号（=）将函数的输出赋值给一个变量名,不过也可以代之以符号来赋值,例如,SquareRoot3 <- sqrt（3）。变量名要符合基本的变量命名规则,变量名中不要使用空格,也不要以数字打头,特别需要注意的是,R中的变量名是区分大小写的。在R控制台中输入命令ls( )并按Enter键,就可查看当前R会话中创建的所有变量的名单。

2.3.2　向量

到目前为止,我们只创建了等于单个数字的变量。本节,我们将创建操作向量（存储为同一对象的一系列数字）和数据框（类似于矩阵,看起来像Excel中的电子表格）。可以使用c函数创建向量。例如,我们可以创建一个城市名向量,向量名为CityName,包含五个元素。在命令行,输入向量名,CityName,从得到的输出中,可见这些名称是用引号括起来的,这告诉我们,R识别出这是一个字符向量,而不是数字向量。

> CityName = c("上海","北京","天津","广州","沈阳")
> CityName
[1] "上海" "北京" "天津" "广州" "沈阳"

我们还可以创建一个包含各个城市的预期寿命的向量：

> LifeExpectancy = c(83.13, 82.03, 81.84, 81.72, 80.01)
> LifeExpectancy
[1] 83.13 82.03 81.84 81.72 80.01

这次是数字向量,因为其输出没有用引号括起来。请注意不要在向量中混合字符和数字，因为R会将所有的值转换为字符，那样就不能对数字进行任何数值计算，例如计算平均值。我们使用数据框就可以在同一对象中包含字符向量和数字向量。

向量的单个元素可以使用方括号显示：

```
> CityName[2]
[1] "北京"
> LifeExpectancy[2]
[1] 82.03
```

这表明CityName的第二个元素是"北京"，LifeExpectancy的第二个元素是82.03。

另一个可用于创建向量的函数是seq( )，即序列函数。该函数带有三个参数，可以创建一个数字序列。该序列以第一个参数为开始，以第二个参数为结束，由第三个参数定义步长。例如，我们创建一个从0到10的序列，增量为2：

```
> seq(0,10,2)
[1] 0    2    4    6    8    10
```

如果想要创建一列识别符，这个函数将会很有用。例如，如果你有1000个数据点，想从1到1000对它们进行编号，可以输入命令seq（1,1000,1）来实现。

2.3.3 数据框

要将多个向量存储为一个对象，可以将它们合并到一个数据框中，我们可以将数据框视为一组存储为同一对象的向量。我们使用data.frame( )函数将CityName和LifeExpectancy合并到一个名为CityData的数据框，由此来创建第一个数据框：

```
> CityData = data.frame(CityName, LifeExpectancy)
> CityData
```

输出结果如下：

```
    CityName    LifeExpectancy
1   上海        83.13
2   北京        82.03
```

3	天津	81.84
4	广州	81.72
5	沈阳	80.01

数据框CityData包含两列（城市名称和预期寿命），以及五行，即观察值（每个城市一个）。使用str函数，我们可以了解有关数据框结构的更多信息：

```
> str(CityData)
'data.frame':    5 obs. of   2 variables:
 $ CityName       :Factor w/ 5 levels "北京","广州",..: 3 1 5 2 4
 $ LifeExpectancy: num  83.1 82 81.8 81.7 80
```

第一行告诉我们，CityData是一个包含5个观察值（即是行）和2个变量（即是列）的数据框，每个变量都列在一个美元符号之后。美元符号用于标示数据框中的向量。在每个变量名之后，列出了变量的类型（在本例中是因子或数字），然后是值的样本。理解因子变量可能有点棘手，可将其视为分类变量，即带有几个不同类别的变量。默认情况下，任何字符向量都将作为因子变量存储在数据框中。因子变量的"级别"是变量中不同可能值的数字。在CityName的例子中，有五个级别，因为有五个城市。在CityName行末尾的数字只是为R内部使用的每个因子级别分配一个数值，通常我们不需要担心是否知道这些数字。

如果想要在数据框中添加另一个向量（假设我们想要添加每个城市的人口，以万为单位），使用"美元符号标记"就可做到，只需输入数据框的名称、一个美元符号，然后输入要创建的新变量的名称，接着输入数值：

```
> CityData$Population = c(2488, 2189, 1387, 954, 756)
> str(CityData)
    'data.frame':        5 obs. of 3 variables:
```

```
 $ CityName       : Factor w/ 5 levels "北京","广州",..: 3 1 5 2 4
 $ LifeExpectancy: num  83.1 82 81.8 81.7 80
 $ Population    : num  2488 2189 1387 954 756
```

2.4 R语言示范操作：一个简单的分析任务

2.4.1 加载CSV文件

大多数情况下，我们不会在R中从头开始创建数据集，而是从文件中读入数据，主要使用csv文件，也可读入任何类型的带分隔符的文件。（如需要更多信息，请参阅？read.table）。在Excel或其他电子表格软件中均可以轻松打开和修改csv文件。

要读入csv文件，首先需要导航到计算机上存储csv文件的目录。在Windows计算机上，进入"File"菜单，选择"Change dir..."，然后导航到计算机上存有想要加载的文件的目录。在R中还可以使用setwd( )函数设置工作目录。[如需要更多信息，请参阅help(setwd)]。在R中导航到正确的目录后，R控制台中不会有什么反应，但是如果输入getwd( )，在输出的末尾应能看到所选择的文件夹，这称为文件的路径。

我们来读入csv文件"CED.csv"。读者可以在教材的配套数据集中找到该文件，请下载并将其保存到一个易于记忆的位置，然后按照以上指示导航到该文件的位置。进入存有"CED.csv"的文件夹后，可以使用read.csv和str函数读入数据并查看其结构（图2-11）：

```
> CED = read.csv("CED.csv")
> str(CED)
'data.frame':   31 obs. of  10 variables:
 $ province     : Factor w/ 31 levels "安徽省","北京市",..: 2 26 9 22 18 17 14 11 24 15 ...
 $ idname       : Factor w/ 31 levels "anhui","bj","chongqing",..: 2 27 10 22 20 18 17 11 25 15 ...
 $ region       : Factor w/ 4 levels "东北","东部",..: 2 2 2 4 3 1 1 2 2 ...
 $ gdp          : num  36103 14084 36207 17652 17360 ...
 $ population   : int  2189 1387 7464 3490 2403 4255 2399 3171 2488 8477 ...
 $ income       : int  69434 43854 27136 25214 31497 32738 25751 24902 72232 43390 ...
 $ lifeexp      : num  80.2 78.9 75 74.9 74.4 ...
 $ popincrate   : num  2.63 1.43 4.71 3.27 2.57 -0.8 -0.85 -1.01 1.5 2.08 ...
 $ studentratio: num  14 15.4 17.1 14 13.1 ...
 $ subscriber   : num  200 147 120 122 131 ...
```

图 2-11 返回 CED 数据集

该数据集包含中国31个省级单位的最新统计数据。这些变量包括：省级单位名称（province）、拼音缩写（idname）、所属区域（region）、以亿元为单位的地区生产收入（income）、以年为单位的预期寿命（lifeexp）、人口增长率（popincrate）、小学生师比（studentratio）、每100人的手机用户数（subscriber）。

用于汇总数据框的函数是summary( )函数。在R控制台中输入summary(CED)，就可以看到每个变量的统计汇总。对于类似province和region这样的因子变量，其输出会计算属于每个可能值的观察值的数量。对于数字变量，其输出会显示变量的最小值、第一四分位数（25%的数据小于该值的值）、中位数值、平均值、第三四分位数（75%的数据小于该值的值）、最大值以及缺失值（NAs）的数量，如图2-12所示。

```
> summary(CED)
      province      idname      region        gdp          population         income         lifeexp       popincrate      studentratio
 安徽省    : 1   anhui   : 1   东北: 3   Min.   :  1903   Min.   :  366   Min.   :20335   Min.   :68.17   Min.   :-1.010   Min.   :11.28
 北京市    : 1   bj      : 1   东部:10   1st Qu.: 13941   1st Qu.: 2446   1st Qu.:24856   1st Qu.:74.39   1st Qu.: 2.770   1st Qu.:14.35
 福建省    : 1   chongqing: 1  西部:12   Median : 25115   Median : 3955   Median :27881   Median :74.97   Median : 4.270   Median :16.36
 甘肃省    : 1   fujian  : 1   中部: 6   Mean   : 32659   Mean   : 4549   Mean   :32086   Mean   :74.91   Mean   : 4.352   Mean   :16.01
 广东省    : 1   guangdong: 1            3rd Qu.: 42613   3rd Qu.: 6286   3rd Qu.:32812   3rd Qu.:76.34   3rd Qu.: 6.630   3rd Qu.:17.57
 广西壮族自治区: 1 guangxi : 1            Max.   :110761   Max.   :12624   Max.   :72232   Max.   :80.26   Max.   :10.140   Max.   :18.82
 (Other)   :25   (Other) :25
   subscriber
 Min.   :104.7
 1st Qu.:112.5
 Median :127.1
 Mean   :128.9
 3rd Qu.:132.3
 Max.   :200.4
```

图 2-12　CED 数据集变量统计汇总

2.4.2　划分数据子集

通常创建数据框子集有利于分析或构建模型。创建数据框子集可通过subset( )函数完成。例如，我们想要对数据框CED进行子集划分，使其仅包含中部地区的省份，可以使用以下命令：

> CEDMID = subset(CED, region == "中部")

这样可创建一个名为CEDMID的新数据框，包含来自数据框CED中变量region的值为"中部"的观察值。注意：双等号（==）是用于测试相等性，而单等号用于赋值。使用str函数查看CEDMID的结构，可看到它具有与原先的CED数据框相同的10个变量，但只有6个观察值，对应于中部地区的6个省份（图2-13）。

```
> CEDMID = subset(CED, region == "中部")
> str(CEDMID)
'data.frame':   6 obs. of  10 variables:
 $ province    : Factor w/ 31 levels "安徽省","北京市",..: 22 1 16 10 12 13
 $ idname      : Factor w/ 31 levels "anhui","bj","chongqing",..: 22 1 16 12 13 14
 $ region      : Factor w/ 4 levels "东北","东部 ",..: 4 4 4 4 4 4
 $ gdp         : num  17652 38681 25692 54997 43444 ...
 $ population  : int  3490 6105 4519 9941 5745 6645
 $ income      : int  25214 28103 28017 24810 27881 29380
 $ lifeexp     : num  74.9 75.1 74.3 74.6 74.9 ...
 $ popincrate  : num  3.27 5.99 6.56 4.18 4.27 3.11
 $ studentratio: num  14 18 16.8 17.4 18.1 ...
 $ subscriber  : num  122 108 105 108 107 ...
```

图 2-13　CED 划分数据子集结果

2.4.3 基础数据分析

（1）基础统计函数

一旦将数据集加载到R中，我们就可以快速计算数据的一些基本统计属性。以下命令可计算变量gdp的均值、标准偏差和统计汇总（图2-14）。

```
> mean(CED$gdp)
[1] 32658.55
> sd(CED$gdp)
[1] 26661.81
> summary(CED$gdp)
   Min. 1st Qu.  Median    Mean 3rd Qu.    Max.
   1903   13941   25115   32659   42613  110761
```

图 2-14　CED 数据集基础统计结果

请注意，我们使用美元符号引用数据框中的变量。如果我们只输入mean(gdp)，将会得到一个错误消息。通常情况下，需要输入数据框名，接着是美元符号，然后是变量的名称（例如，CED$gdp）。

（2）which.min( )与which.max( )函数

which.min( )和which.max( )函数非常有用。我们来看一个例子（图2-15）：

```
> which.min(CED$population)
[1] 26
> CED$province[26]
[1] 西藏自治区
31 Levels: 安徽省 北京市 福建省 甘肃省 广东省 广西壮族自治区 ... 重庆市
```

图 2-15　which.min 函数在 CED 数据集的应用

which.min( )函数返回了变量population最小值的索引值。通过查看第26个观察值的名称，我们知道这是西藏自治区。

which.max( )函数的工作方式也一样（图2-16）：

```
> which.max(CED$population)
[1] 19
> CED$province[19]
[1] 广东省
31 Levels: 安徽省 北京市 福建省 甘肃省 广东省 广西壮族自治区 ... 重庆市
```

图 2-16　which.max 函数在 CED 数据集的应用

这表明广东省是常住人口最多的省份。

2.4.4 作图

在R中我们能轻松地生成基础图。我们先从income与lifeexp的基础散点图开始。Plot函数可生成散点图。第一个参数沿着x轴,第二个参数沿着y轴。如果在R控制台中运行如下命令,可看到如图2-17所示的图。

> plot(CED$income, CED$lifeexp)

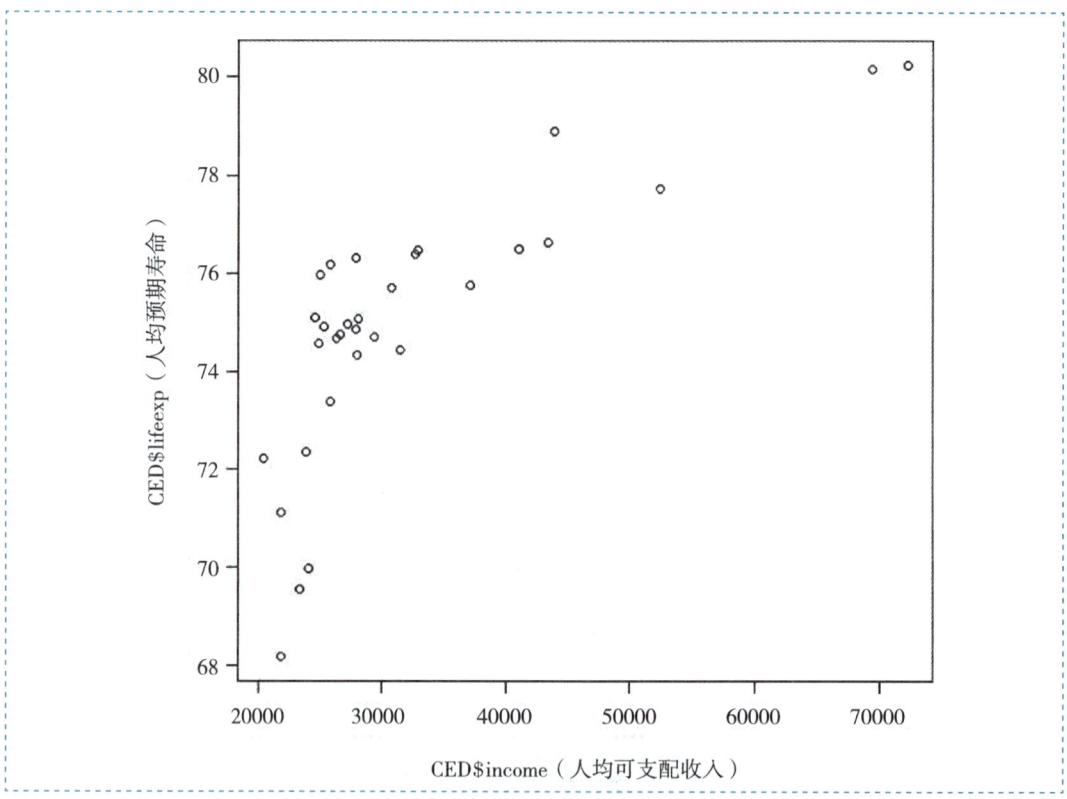

图 2-17 用 R 命令 plot 生成的散点图

查看该图,我们可以看到总的趋势是,人均可支配收入越高,人均预期寿命也越长。同时我们也会发现,有几个数据点,其人均可支配收入不高,但是人均预期寿命比较长。我们来发现这几个点:其人均可支配收入小于40000元,而人均预期寿命高于76。首先,我们使用subset函数:

1 Outliers = subset(CED, income < 40000 & lifeexp > 76)

这样做可提取人均可支配收入小于40000元且人均预期寿命大于76岁的观察值，并将它们存储在一个名为Outliers的新数据框中。符号&表示我们希望第一个条件和第二个条件都为真。运行这个命令后，如果在R控制台中输入nrow(Outliers)，你会得到输出4。nrow( )函数可计算数据框中的行数。如果想知道都有哪些省份属于这种情况，可以在R控制台中输入Outliers$province来查看这些省份的名字（图2-18）。

```
> Outliers$province
 [1] 辽宁省 吉林省 山东省 海南省
31 Levels: 安徽省 北京市 福建省 甘肃省 广东省 广西壮族自治区 ... 重庆市
```

图 2-18　查询省份名称

R中还有其他简单实用的图，如直方图和箱线图。输入hist( )命令可生成变量lifeexp的直方图，如图2-19所示。

```
> hist(CED$lifeexp)
```

Lifeexp的值沿x轴显示，频率即计数显示在y轴上。条形表示可能值的频率。直方图有助于理解变量的分布。这个直方图向我们展示了lifeexp最常见的频率值大约是75。

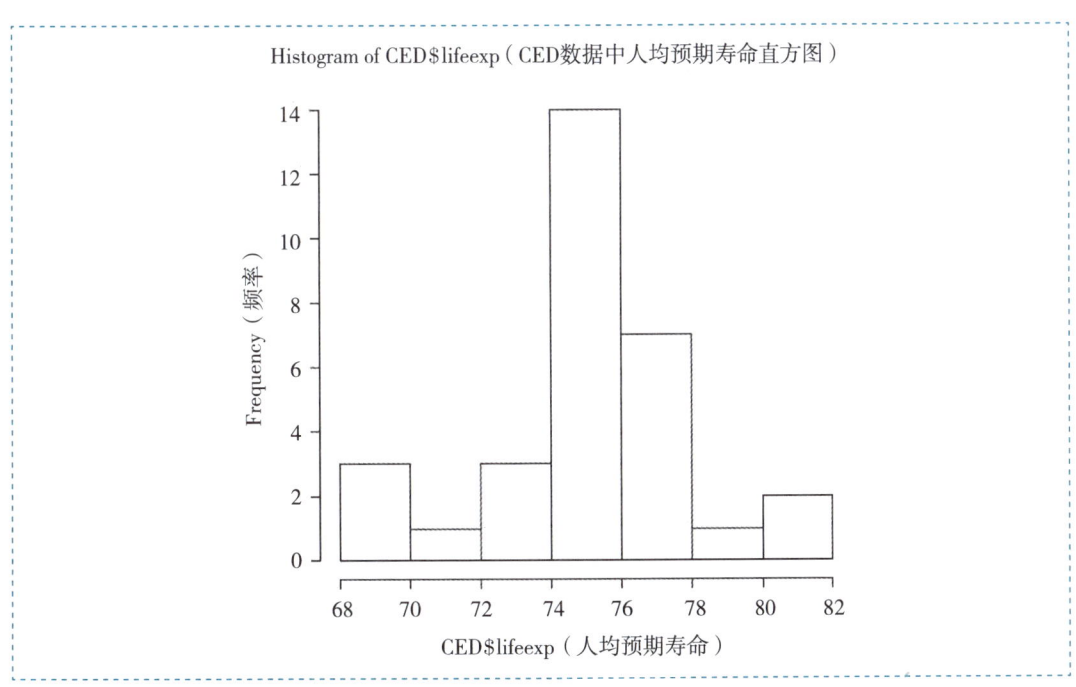

图 2-19　用 R 命令 hist( ) 生成的直方图

使用boxplot( )命令，可得到变量studentratio的箱线图（观察值按变量region分类），箱线图如图2-20所示。

>boxplot(CED$studentratio ~ CED$region)

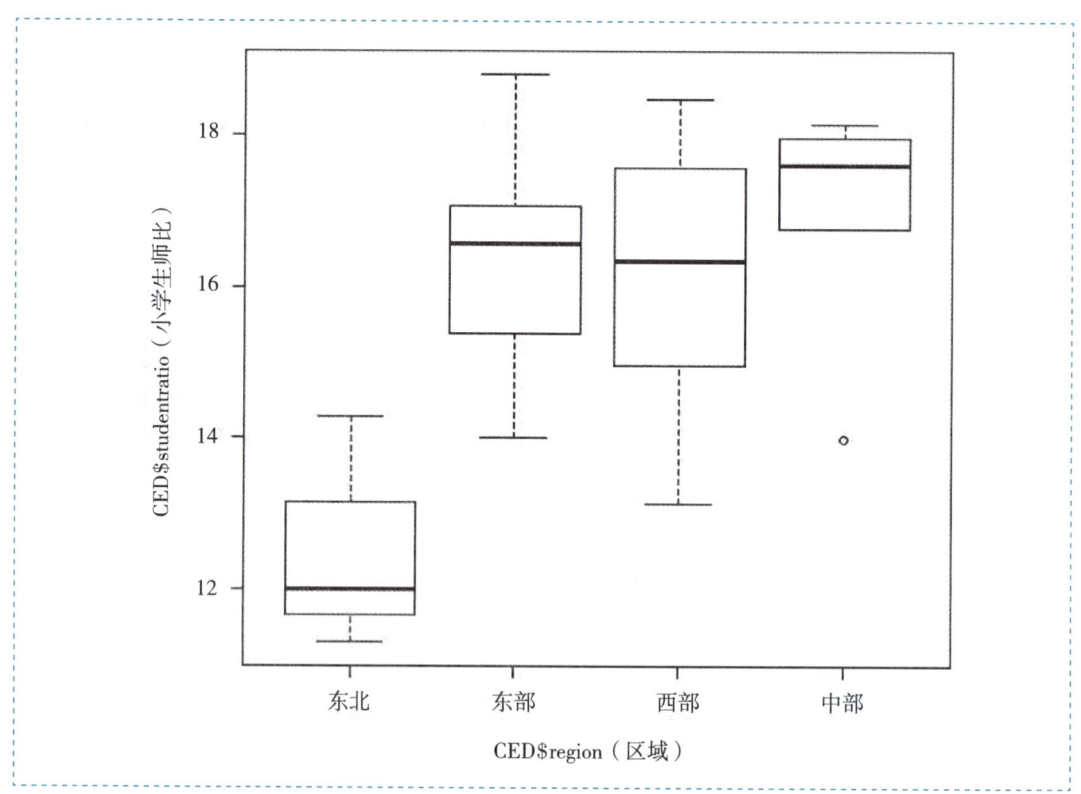

图2-20　用R命令boxplot( )生成的箱线图

箱线图有助于理解变量的统计范围。这个箱线图显示了各个区域的小学学生教师比例studentratio是如何随着所在地区的不同而变化的（地区沿x轴列出，学生教师比值沿y轴列出）。每个地区的箱线图显示第一个和第三个四分位数之间的值的范围，中间的线标示中间值。虚线，即"须"，显示了值的范围，不包括任何异常值，这些异常值被绘制为圆圈。异常值由计算出的第一个和第三个四分位数之间的差值或箱的高度来定义。这个数字被称为四分位距（IQR）。任何大于第三四分位数加上IQR的点，或者任何小于第一四分位数减去IQR的点都被视为异常值。

要给生成的图添加一个标题和轴标签，我们可以添加一些额外的参数。如图2-21所示，添加x轴标签"区域"，y轴标签"小学生师比（教师人数=1）"，给箱线图添加标题"各区域小学生师比（教师人数=1）"：

```
boxplot(CED$studentratio ~ CED$region, xlab="区域",ylab="小学生师比
(教师人数=1)", main="各区域小学生师比(教师人数=1)")
```

我们可以在plot命令或hist命令中添加类似的参数。需要更多关于不同制图函数及其他不同选项的信息，请在R控制台输入?plot，?hist，或者?boxplot。

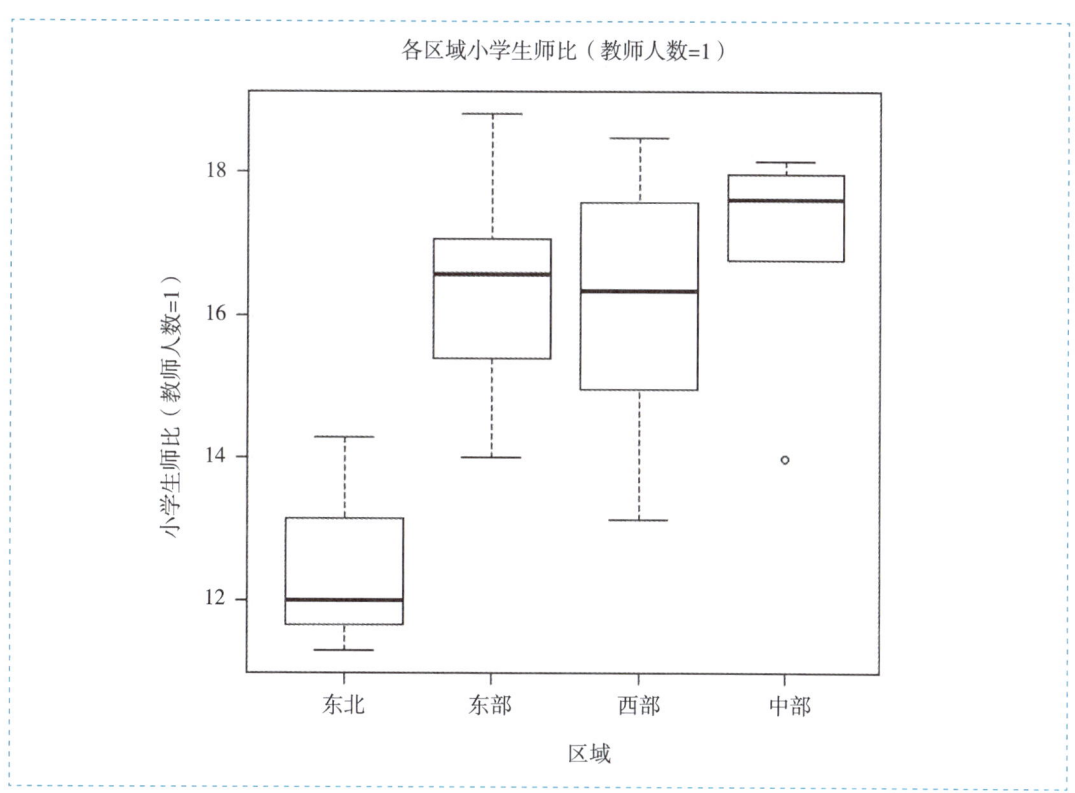

图 2-21　添加了坐标轴及图标签的箱线图

2.4.5　汇总表

在R中table函数和tapply函数可生成汇总表，有助于理解数据的趋势，尤其是table函数有助于理解因子变量或取值较小的数字变量。我们首先创建一个变量region的表：

Table函数计算取变量的每个可能值的观察值的数量。因此，此输出显示，东北地区有3个省份，东部地区有10个省份，以此类推，如图2-22所示。

图 2-22　创建变量 region

我们也可以使用逻辑陈述来计算观察值。例如，我们看看有多少省份的预期寿命超过75岁：

```
> table(CED$lifeexp > 75)

FALSE   TRUE
   16     15
```

图 2-23　超过 75 岁的省份数量

这个输出告诉我们，有16个省份的判断结果是错误，即有16个省份的预期寿命小于或等于75；有15个省份的陈述是正确的，意味着有15个省份的预期寿命大于75岁，如图2-23所示。

如果我们想比较两个变量的值，我们可以创建一个二维表。例如，我们看看预期寿命是如何根据省份所处的区域而变化的：

```
> table(CED$region, CED$lifeexp > 75)

      FALSE TRUE
东北      0    3
东部      1    9
西部     10    2
中部      5    1
```

图 2-24　超过 75 岁的省份数量（二维表）

我们放入table命令的第一个变量的可能值列在左边，放入table命令的第二个变量（在这种情况下是一个逻辑陈述）的可能值列在顶部。每个数字表示观察值（以本例的情况来说是省份）的数量，属于标记行的地区且预期寿命小于或等于75的观察值落入FALSE列，属于标记行的地区且预期寿命大于75的观察值则落入TRUE列。这张表为我们提供了一些还没有学到的有趣信息。不同省份的预期寿命差异很大，取决于它们所处的地区。请注意，我们还没有创建任何预测模型，但是通过描述性分析我们已经能够收获关于我们对数据的一些有价值的见解，如图2-24所示。

另一个可用于创建汇总表的函数是tapply函数（如果你熟悉Excel，tapply函数就像一个数据透视表）。虽然理解起来可能有点费劲，但我们先试试这个函数：

```
> tapply(CED$income, CED$region, mean)
   东北       东部       西部       中部
27797.00  44746.40  25034.75  27234.17
```

图 2-25　tapply 函数求各地区人均可支配收入

Tapply函数有三个参数：第一个参数是我们要计算的变量，第二个参数是我们按什么对观察值进行分类的变量，第三个参数是我们要进行何种计算。在本例中，我们希望计算CED$income的平均值，观察值按CED$region分类。输出告诉我们，在东部，人均可支配收入的平均值是44746.40元，而在西部，人均可支配收入的平均值是25034.75元，如图2-25所示。

2.4.6 使用脚本保存工作

在R中工作时，经常需要保存工作，以便可以轻松地重新运行命令和重新构建模型。有几种方法都可以做到这一点，但我们推荐使用脚本文件。

在Windows中，进入"文件"菜单，选择"新建脚本"，就能像编辑任何文本文件一样编辑脚本文件。在R Studio中若要注释脚本内容，可以#号（#）开头进行注释，或用快捷键Ctrl+Shift+C将选择的程序进行批量注释。

在R中重新打开脚本文件，可非常便捷地重新运行代码行。在Windows中，选中所需运行的代码行，然后按Control+Enter键便可快捷运行该行代码。

当退出R时，它会询问是否要保存工作区。如果脚本文件中有你想要的一切，那么就不需要担心如何保存工作空间。此外，可以很容易地与其他人共享脚本文件，或者在多台计算机上使用。

2.5 典型案例实操：影响地方财政收入的因素特征分析

根据案例导入的背景资料，本案例研究影响地方财政收入的因素特征，试图通过基础统计方法对影响因子进行数据探索，为后期的相关性分析、可视化制图及预测等打好基础。

使用的数据集文件名为："REV.csv"，代码文件为"REV.R"。案例数据集包含的变量具体如下：

表2-1 模型变量介绍

变量类别	变量名	变量定义
因变量	fiscal revenue	地方财政收入，单位：元

续表

变量类别	变量名	变量定义
自变量	year	年份
	employed members	社会从业人数
	employee incomes	在岗职工工资总额
	retail sales	社会消费品零售总额
	disposable income	城镇居民人均可支配收入
	consumption expenditure	城镇居民人均消费性支出
	population	年末总人口
	fixed assets investment	全社会固定资产投资额
	GDP	地区生产总值
	primary output	第一产业产值
	tax	税收
	CPI	居民消费价格指数
	proportion32	第三产业与第二产业产值比，表示产业结构
	consumption level	居民消费水平

要求 完成案例数据分析后，请回答以下问题：

1. 把数据读入R，数据集里有多少行数据？
2. 数据集中有多少个变量？
3. 使用"max"命令，变量"retail sales"的最大值是多少？
4. 变量"disposable income"的均值和标准差是多少？
5. 数据集中"consumption expenditure"的中位数是多少？
6. 使用which.min( )函数，找出CPI最小时对应的年份。
7. 使用which.max( )函数，找出consumption level最大时对应的population。
8. 制作retail sales和fiscal revenue的基础散点图。
9. 通过绘制连线标绘图来分析fiscal revenue在2000—2013年的变化情况，总体趋势如何？

第3章

市场定位与细分

3.1 案例导入

潜在客户的定位

本案例研究短信促销问题。某公司销售部以公众号推送文章的方式向会员客户发送促销信息。有的潜在客户对推送产品感兴趣并点击了详情链接，有的则没有反馈。为了对会员客户进行分类，找出潜在客户群体以及该群体的属性特征（表3-1），从而设计更精准的促销策略，现需要收集相关数据（表3-2）建立预测模型。

表 3-1 变量一览表

变量	变量名称	变量定义
依赖变量/结果变量/因变量		
SHOT	是否点击链接	二元变量。如果客户点击链接，取值为YES，否则为NO
独立变量/预测变量/自变量		
AGE	年龄	调查对象的年龄，单位为岁
GENDER	性别	男性取值为MALE，女性取值为FEMALE
REGION	区域	市中心INNER_CITY、城镇TOWN、农村RURAL、郊区SUBURBAN
INCOME	收入	年收入金额，单位为元
MARRIED	婚姻状况	如果已婚，取值为YES，否则为NO
CAR	是否有车	如果有车，取值为YES，否则为NO
SAVE	是否有存款	如果有存款，取值为YES，否则为NO
MORTGAGE	是否有抵押贷款	如果有抵押贷款，取值为YES，否则为NO

表 3-2 部分原始数据表

	AGE	GENDER	REGION	INCOME	MARRIED	CAR	SAVE	MORTGAGE	SHOT
1	48	FEMALE	INNER_CITY	17546	NO	NO	NO	NO	YES
2	40	MALE	TOWN	30085	YES	YES	YES	YES	NO
3	51	FEMALE	INNER_CITY	16575	YES	YES	YES	NO	NO
4	23	FEMALE	TOWN	20375	YES	NO	YES	NO	NO
5	57	FEMALE	RURAL	50576	YES	NO	NO	NO	NO
6	57	FEMALE	TOWN	37870	YES	NO	YES	NO	YES
7	22	MALE	RURAL	8877	NO	NO	YES	NO	YES
8	58	MALE	TOWN	24947	YES	YES	YES	NO	NO
9	37	FEMALE	SUBURBAN	25304	YES	YES	NO	NO	NO
10	54	MALE	TOWN	24212	YES	YES	YES	NO	NO

思考

你如何根据这些背景信息完成对潜在客户的筛选?

3.2 知识要点

3.2.1 市场定位与细分理论

市场细分(Market Segmentation)的概念是美国营销学家温德尔·史密斯(Wendell Smith)在1956年最早提出的。此后,美国营销学家菲利浦·科特勒进一步发展和完善了温德尔·史密斯的理论并最终形成了成熟的STP理论——市场细分(Segmentation)、目标市场选择(Targeting)和市场定位(Positioning)。目标市场营销是现代营销观念的产物,是市场营销理论的重大发展,已成为现代市场营销的核心战略。

(1)市场细分

所谓市场细分(Marketing segmentation),是指按照消费需求的差异性,把某一产品的整体市场划分为若干个子市场的过程。每个子市场都是由一群具有相同或相似的需求与欲望、购买行为或购买习惯的消费者所组成的。属于不同子市场的消费者之间具有明显的差别。

市场细分一般包括以下七个步骤：

① 选择与确定营销目标及市场范围。

② 分析潜在消费者的基本需要。

③ 了解潜在消费者的不同需要。

④ 抽掉潜在消费者的共同需要。

⑤ 初步为细分市场定名。

⑥ 确认细分市场的特点。

⑦ 确定目标市场。

（2）目标市场

著名的市场营销学者麦卡锡提出应当把消费者看作一个特定的群体，称之为目标市场。通过市场细分，有利于明确目标市场。通过市场营销策略的应用，有利于满足目标市场的需要。即：目标市场就是通过市场细分后，企业准备以相应的产品和服务满足其需要的一个或几个子市场。

选择目标市场，明确企业应为哪一类用户服务，满足他们的哪一种需求，是企业在营销活动中的一项重要策略。选择目标市场一般运用下列三种策略：

① 无差别市场策略。无差别市场策略就是企业把整个市场作为自己的目标市场，只考虑市场需求的共性，而不考虑其差异，运用一种产品、一种价格、一种推销方法，吸引尽可能多的消费者。

② 差别性市场策略。差别性市场策略就是把整个市场细分为若干子市场，针对不同的子市场，设计不同的产品，制定不同的营销策略，满足不同的消费需求。

③ 集中性市场策略。集中性市场策略就是在细分后的市场上，选择两个或少数几个细分市场作为目标市场，实行专业化生产和销售。在个别少数市场上发挥优势，提高市场占有率。

（3）市场定位

市场定位是指企业针对潜在顾客的心理进行营销设计，创立产品、品牌或企业在目标顾客心目中的某种形象或某种个性特征，保留深刻的印象和独特的位置，从而取得竞争优势。

我们通过市场的竞争情况和企业的特点，确定企业产品在目标市场的定位。具体来说，就是要在目标顾客的心目中为产品打造一定的特色，赋予一定的形象，以适应顾客一定的需要和偏好。产品特色和形象可以是实物方面的，也可以是心理方面的，通常是两者兼而有之。比如"价廉质优""服务周到""豪华高贵""技术先进"等，都可以作为市场定位的概念。

1992年建厂的汇源果汁坚信"好果出好汁"，坚持提供优质的果汁原料。为了确保原果品质，所有果蔬、果木等从种植土壤、品种选择到育苗生长、施肥采摘整个过程，均采用标准化作业，塑造了全程可追溯的"国民好果汁"形象，可见只有把食品安全放在首位的企业才可能在竞争中处于优势地位。在互联网传播速度越来越快的今天尤其如此。

3.2.2 市场定位细分模型——决策树模型

在数据分析中有两种决策树模型：分类树（classification trees，简称CT）和回归树（regression trees，简称RT），其基本思路是根据一组自变量对因变量进行分类，如果因变量是离散型的变量，这种模型被称为分类树，而如果因变量是连续型的数值，则这种模型便被称为回归树。人们往往不对分类树和回归树进行区分，而是将二者合称为分类与回归树（classification and regression trees，简称CART）。由于分类与回归树的英文缩写是CART，人们也常使用CART树来代表分类与回归树。

CART树的理论与应用首先由加州大学伯克利分校的利奥·布莱曼（Leo Breiman）和查尔斯·斯通（Charles Stone），以及斯坦福大学的杰罗姆·弗里德曼（Jerome Friedman）和理查德·奥尔申（Richard Olshen）在1984年系统性地提出，其标志便是一本题为《分类与回归树》的著作的问世。在该书的前言中，作者们写道："这本书中讨论的树方法是计算机时代的孩子。与许多其他经历了从纸笔到计算器，再到计算机的统计方法不同，这种树方法的使用在计算机产生之前是无法想象的。"

随着计算机的普及和性能的不断增强，CART树已迅速发展成为一种强大的探索性数据分析方法。尤其当拥有大量数据，却没有足够的先行研究，从而无法预先建立分析模型时，更适合用这种方法来分析数据之间的关系，为后续的理论研究提供支持。这也意味着CART树是非常适合计算机时代大数据分析的一种方法。

（1）CART树的概念

某乐器店曾进行过一项调查，试图了解影响客户购买行为的因素。利用该调查获取的数据进行CART分析，得到如图3-1所示的CART树，其中Earning表示收入，Smoking表示抽烟与否，Folk表示民乐，用1~5表示喜爱程度，Number.o表示朋友的个数。该数据集选自合鲸社区[①]。在典型案例实操中将进行详细阐述。

图3-1中的因变量"购买行为"是一个二元变量，如果被调查的顾客至少有过一次购买行为，其取值为1，否则为0。该调查中有多个影响顾客购买行为的自变量，我们希望了解这些自变量与购买行为之间是否存在系统性的关系。

图3-1所示的CART树中，树顶的方框代表着由1010名顾客组成的总样本。调查发现，43.76%的人有过购买行为。在所有自变量中收入大于18万元与发生购买行为之间

---

① 资料来源：https://www.heywhale.com/home.

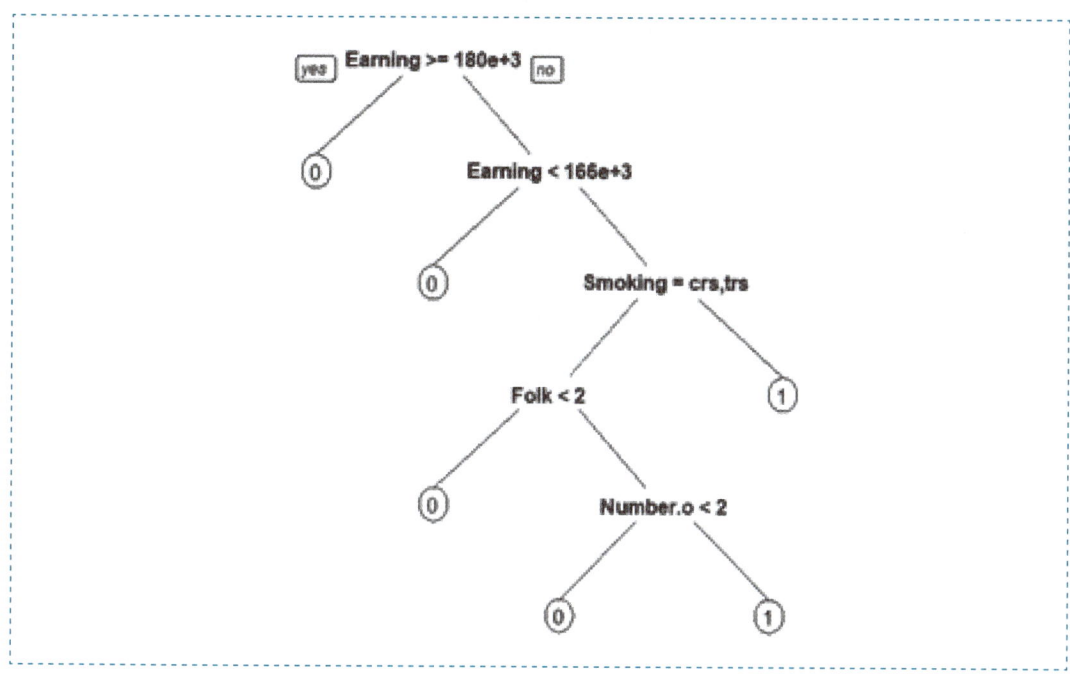

图 3-1 乐器店购买行为影响因素的 CART 树

的关联最强。根据收入是否大于18万元将顾客分成两组，对第二组按收入是否大于16.6万元进一步进行区分，更能揭示收入对发生购买行为的影响。随后，对顾客的抽烟习惯（Never smoked 从不吸烟 – Tried smoking 尝试戒烟 – Former smoker 曾经吸烟 – Current smoker 经常吸烟）进行调查，根据抽烟习惯进一步细分为两组。随后根据顾客是否爱好民乐以及朋友数量进一步进行分类。

图3-1中的0和1称为节点。其中，最顶端的节点称为根节点，因为其他节点都由这个节点进行划分派生而来，就好像树的根一样。CART树分析可以对根节点派生的节点进一步进行拆分，由此产生新的节点，新产生的节点称为子节点，而派生子节点的节点称为父节点。一个父节点产生两个子节点，可以将其分别称为左侧子节点和右侧子节点。子节点可以进一步拆分，产生新的子节点，这就使得图形像树一样，产生数量不一的枝杈。当节点无法进一步进行拆分时，意味着其所在的那根树枝停止了生长，这种节点称为终端节点（terminal node，也可以称为叶节点）。当根节点或父节点生成子节点时，树将增长一个层次。

由于CART树的终端节点中的因变量往往存在显著的差异，因此CART树分析通常将分析的重点放在终端节点上。在图3-1所示的例子中，从终端节点向上回溯到根节点，可以更充分地描述这些终端节点的关键特征。

总体来看，收入与产生购买行为之间存在着很强的关联，也确实会影响购买行为。从图3-1可以得出影响因素与购买行为之间关系的几点结论：首先，收入是对购买行为影响最强的因素；其次，抽烟的习惯对购买行为有所影响；第三，喜爱民乐的程度会对购买行为产生影响；最后，朋友多寡也会对购买行为产生影响。

（2）CART树的生成

① 二分法简介。从图3-1中可以看出，每次划分都是将根节点或父节点一分为二。为什么每次都是分成两个子节点，而不是三个、四个甚至更多个呢？这是因为，将父节点划分产生子节点时，至少可生成两个子节点，然而却不能保证可以生成三个或更多的子节点。因此，许多统计学家认为，二分法不仅具有普遍性，而且易于解释和理解。此外，即使一次划分产生的子节点多于两个，也可以通过多次二分达到相同的结果。因此，在生成CART树时进行二分便成为一种统计惯例。

例如，图3-2中身高有三个类别。

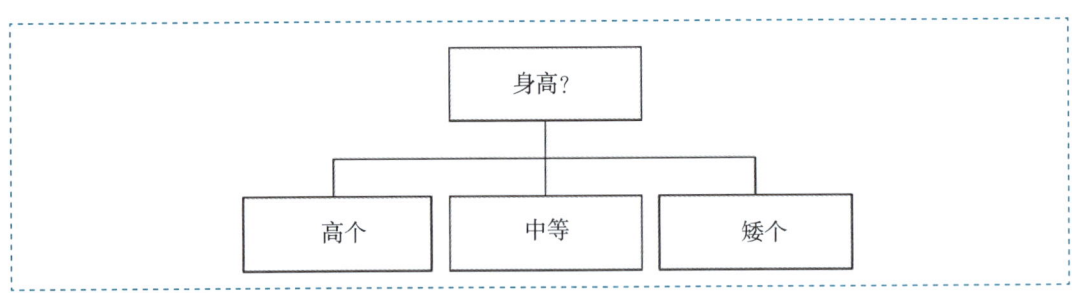

图 3-2　身高的三个类别

它可以通过两次二分来实现，见图3-3。

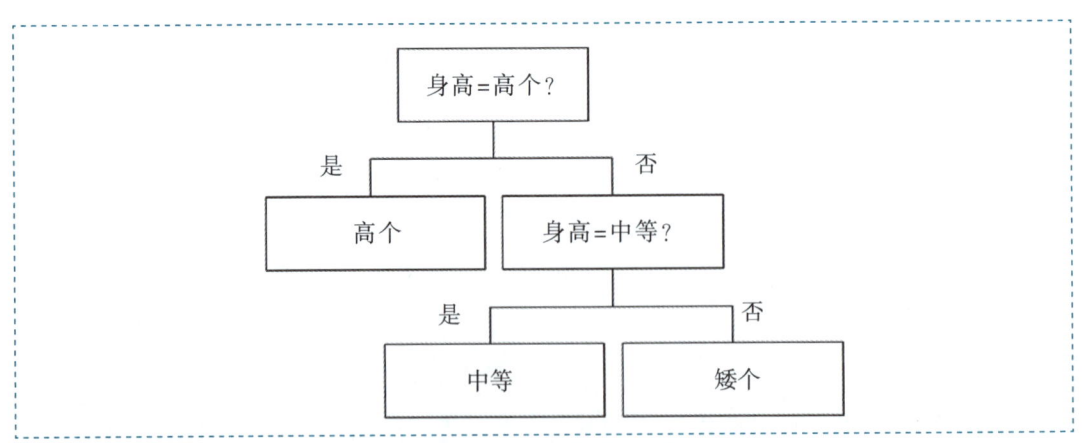

图 3-3　身高的三个类别的二分法实现

② 不纯度指标的计算。在对根节点或父节点进行二分法划分时，需要选择分类指标，选择分类指标的依据是不纯度（impurity）。不纯度用来衡量一个节点中的观察值属

于不同类别（或值）的比例。如图3-1中的每个节点中的观察值都是顾客是否发生购买行为。如果一个节点中的观察值全部是发生购买行为的，或全部是不发生购买行为的，那这个节点所代表的群体就是纯净的。而如果一个节点的观察值中发生购买行为的和不发生购买行为的恰好各占一半，则这个节点所代表的群体就是不纯净的。显然，常见的情况应该是介于这两个极端情况之间的。

衡量不纯度的指标有三个：熵不纯度（entropy impurity）、基尼不纯度（Gini impurity）和误分类不纯度（misclassification impurity）。图3-4是这三个不纯度指标的示意图，横坐标表示观察值落入一个类别的百分比，纵坐标表示不纯度。显然，当某个群体中的观察值恰好平均落入两个类别时，这三个不纯度指标的值达到最大。而当所有观察值落入同一个类别时，不纯度指标值最低，变成零。

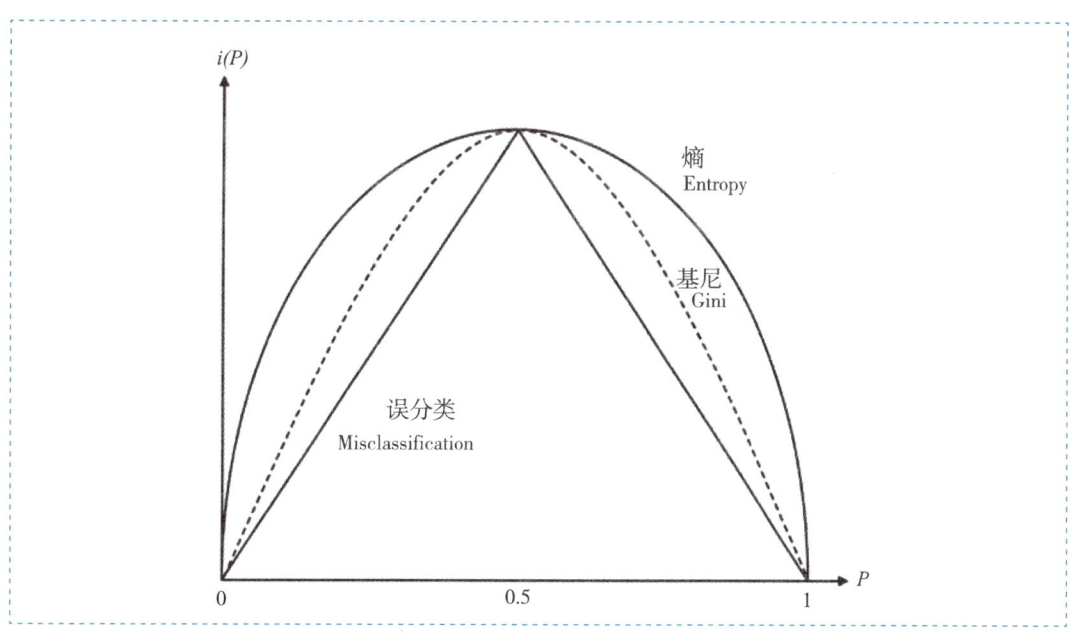

图 3-4　不纯度指标示意图

三个不纯度指标的计算公式如表3-3所示。

表 3-3　不纯度指标的计算公式

指标名称	公式	注释
熵不纯度	$i(\tau)=-\sum P(C_j)\log_2 P(C_j)$	
基尼不纯度	$i(\tau)=1-\sum P(C_j)^2$	$P(C_j)$：某群体中属于C_j类别所占的百分比
误分类不纯度	$i(\tau)=1-\max P(C_j)$	

③ CART树的生成。实际上，我们可以通过对每个自变量进行测试，比较后选择最佳取值。具体而言，从根节点开始，对每个自变量进行测试，检验以其为依据将根节点或父节点划分后，在多大程度上降低了不纯度，用如下公式来表示：

$$\Delta = i(\tau) - i(\tau L)\frac{n_1}{n_1+n_2} - i(\tau R)\frac{n_2}{n_1+n_2} \quad (3-1)$$

其中，$i(\tau)$表示父节点的不纯度，$i(\tau L)$和$i(\tau R)$分别代表左侧子节点和右侧子节点的不纯度。

如果用不同的值对父节点进行划分，会得到不同的Δ值。Δ值最大时对应的取值就是这个自变量的最佳值。其他自变量要按照这样的方法进行计算和比较，得到最佳取值。再将各个自变量在最佳取值时对应的Δ值进行比较，Δ值最大（即不纯度降低程度最大）时对应的自变量便是最佳分类依据。从根节点开始，依次对根节点和其后的父节点重复这个过程，便能得到CART树，这个选择过程称为递归。

显然，每进行一次划分，CART树便增加一个树枝，划分次数越多，树就越大。树生长得越大，不纯度就越低。当每个终端节点只包含一个观察值时，所有终端节点的不纯度便降低到零。但是，这样的CART树没有预测能力，从而没有价值，这称为过度拟合（overfitting）。而如果CART树的划分不够充分，则分类的误差过大，其预测能力也会受限，这称为拟合不足（underfitting）。因此，如何在这两个极端之间进行平衡，使得生成的CART树达到最优，就成为CART树生成中最具挑战性的问题。

解决以上问题可采用以下几种方法：

第一种方法是规定每个终端节点观察值数量的下限（如50），在对一个节点进行划分时，当子节点的观察值数达到下限就要停止划分。

另一种方法是进行验证。具体而言，就是将样本数据分为两部分：一部分作为训练数据，用于生成CART树；另一部分作为测试数据，用于验证CART树的准确性。开始时，增加CART树的划分次数，会提高预测的准确性。之后，随着过度拟合问题的出现，CART树的预测准确性会降低。因此，当CART树在测试数据上预测准确性最高时，CART树达到最优，此时应停止CART树的划分。当样本量足够大时，可以把大部分的观察值作为训练数据（如90%），剩下的部分（如10%）作为测试数据。而当样本量比较小时，则可以采用k折交叉验证法（k-fold cross-validation），其具体操作是将样本数据平均分成k等份，每份的观察值数量相同，除保留一份作为测试数据外，其余k-1份都作为训练数据，生成CART树。每进行一次操作后，就更换一次测试数据，直到每份数据都充当过一次测试数据后才结束。由于将样本数据等分为k份，就好像将其折叠了k次一样，因而这种方法被称为k折交叉验证法。

还有一种思路是先让CART树充分增长，再从最底层的终端节点朝着根节点的方向，验证每个父节点划分后不纯度的降低程度，如果不纯度的降低不理想，则将该父节点的终端节点剪掉，使父节点成为终端节点，这种方法称为CART树的剪枝（Pruning the CART Tree）。

④ 模型评价。我们通过混淆矩阵来比较分类模型的预测结果和真实值，以矩阵形式将数据集中的记录按照真实的类别与分类模型预测的类别进行汇总，其中矩阵的行表示真实值，矩阵的列表示预测值。下面以二分类为例，即横向为预测值，纵向为真实值，那么就会有以下四种情况（表3-4）。

表 3-4 混淆矩阵

		预测值		合计
		0（Negative）	1（Positive）	
真实值	0（Negative）	TN	FP	N
	1（Positive）	FN	TP	P
总计		N	P	N+P

其中TN（True Negative）：将负类预测为负类数，真实值为0，预测值也为0。
FP（False Positive）：将负类预测为正类数，真实值为0，预测值为1。
FN（False Negative）：将正类预测为负类数，真实值为1，预测值为0。
TP（True Positive）：将正类预测为正类数，真实值为1，预测值也为1。
我们希望TP和TN尽量多，减少FN和FP，尽量降低错分率［（FP+FN）/（N+P）］。
混淆矩阵主要适用于二分类变量的业务问题分析，更详细的混淆矩阵讨论，见第六章的"6.2.3 模型预测与评价"。

3.3 R语言示范操作：潜在客户的定位

如案例导入中表3-1显示，因变量是SHOT，表示是否点击促销链接。自变量有八个，分别是年龄（AGE）、性别（GENDER）、区域（REGION）、收入（INCOME）、婚姻状况（MARRIED）、是否有车（CAR）、是否有存款（SAVE）、是否有抵押贷款（MORTGAGE）。

这里要解决的问题是：能否通过年龄（AGE）等自变量的信息预测客户是否会点击链接（SHOT）？显然，这里的因变量"客户是否点击链接（SHOT）"只有两个取值（YES和NO），属于定性变量，因此这是一个回归树问题，我们首先需要进行样本分割后再初步建立模型。

3.3.1 样本分割

(1) 分割样本所需R包介绍

caTools包：用于将样本划分为训练数据和测试数据。

这里的数据适合采用分类树进行分析。如理论部分所介绍的，基本思路是将样本数据划分为训练数据（train data）和测试数据（test data），利用训练数据来生成分类树，利用测试数据来验证分类树的准确性，以得到最优的分类树。

将样本数据划分为子样本的R语言包是caTools，使用其sample.split函数可以将样本数据划分为子样本。sample.split的基本语法如下：

```
sample.split( Y, SplitRatio = 2/3, group = NULL )
```

其中，Y表示要划分的变量（这个案例中的Y代表"是否点击链接"的变量SHOT）；

当0<SplitRatio<1时，表示Y中定义为TRUE的观察值的比例。例如，如果指定SplitRatio=0.7，则在Y中随机抽取70%的观察值，将其指定为TRUE，其余30%则被指定为FALSE。如此，在进行分类树分析时，可以把取值为TRUE的观察值定义为训练数据，用于生成分类树，把取值为FALSE的观察值定义为测试数据，用于验证分类树的效果。

group为可选参数，可不予设置。

(2) 示范操作

案例数据的名称为click，是csv格式文件。在进行分类树分析之前，先应对数据进行预处理，具体步骤如下：

第一步：读取数据并删除不必要的变量。

首先，通过read.csv函数读取数据，具体命令如下：

```
click = read.csv("click.csv")
```

read.csv表示读取csv文档，上一行的命令表示将"click.csv"文档读入R中，将其命名为click。需要注意，根据语法规则，等号（=）前后都要有一个空格。虽然没有空格不影响命令的运行，但规范的做法是输入这两个空格。

接下来，通过str（click）命令查看数据结构，R窗口显示如下结果（图3-5）：

str是structure（结构）的缩写，该命令用于显示数据框的基本结构，包括数据框包含的观察值数量、变量数量和类型。图3-5说明click样本共有300个观察值，有X、AGE等十个变量，并列出了这些变量前面的几个值。

可以看出，X是一个没有意义的变量，它是数据的ID信息，在随后的分析中不需要用

```
'data.frame':    300 obs. of  10 variables:
 $ X       : int  1 2 3 4 5 6 7 8 9 10 ...
 $ AGE     : int  48 40 51 23 57 57 22 58 37 54 ...
 $ GENDER  : chr  "FEMALE" "MALE" "FEMALE" "FEMALE" ...
 $ REGION  : chr  "INNER_CITY" "TOWN" "INNER_CITY" "TOWN" ...
 $ INCOME  : int  17546 30085 16575 20375 50576 37870 8877 24947 25304 24212 ...
 $ MARRIED : chr  "NO" "YES" "YES" "YES" ...
 $ CAR     : chr  "NO" "YES" "YES" "NO" ...
 $ SAVE    : chr  "NO" "YES" "YES" "YES" ...
 $ MORTGAGE: chr  "NO" "YES" "NO" "NO" ...
 $ SHOT    : chr  "YES" "NO" "NO" "NO" ...
```

图 3-5 数据集展示

到,因此可以将其删除,便于后续的数据处理操作。具体命令是:

click = click[, −1]

这表示将数据框文件click的第一列删除后,继续命名为click。随后,再次通过str命令查看数据框文件的结构,具体命令如下:

str(click)

得到的结果为:

```
'data.frame':    300 obs. of  9 variables:
 $ AGE     : int  48 40 51 23 57 57 22 58 37 54 ...
 $ GENDER  : chr  "FEMALE" "MALE" "FEMALE" "FEMALE" ...
 $ REGION  : chr  "INNER_CITY" "TOWN" "INNER_CITY" "TOWN" ...
 $ INCOME  : int  17546 30085 16575 20375 50576 37870 8877 24947 25304 24212 ...
 $ MARRIED : chr  "NO" "YES" "YES" "YES" ...
 $ CAR     : chr  "NO" "YES" "YES" "NO" ...
 $ SAVE    : chr  "NO" "YES" "YES" "YES" ...
 $ MORTGAGE: chr  "NO" "YES" "NO" "NO" ...
 $ SHOT    : chr  "YES" "NO" "NO" "NO" ...
```

图 3-6 数据清理后的 click 数据集

可以看到,除删除了变量X外,数据框click的其余结构未发生改变,如图3-6所示。

第二步:调用caTools包,将样本数据拆分为训练数据和测试数据。

如果是第一次使用caTools包,应当先进行安装,其命令是install.packages("caTools"),安装后才可以进行调用,具体的调用命令是:

library(caTools)

在进行样本分割之前，需要先设置随机种子，具体的命令是set.seed。这里将随机种子设置为1234，则具体的命令为：

```
set.seed(1234)
```

为什么要设置随机种子呢？因为caTools包在对样本进行分割时是随机的，如果不指定随机种子，则每次运行得到的训练数据和测试数据都不相同。

还需要说明的是，调用caTools包的命令和设置随机种子的命令是可以交换顺序的。

将样本分割为两个部分，一部分为80%，以便构造训练子样本；另一部分为20%，准备作为测试子样本。具体的命令为：

```
spl = sample.split(click$SHOT, SplitRatio = 0.8)
```

分割的结果是否达到了目标呢？可以用以下命令进行查看：

```
table(spl)
```

得到的结果是：

```
spl
FALSE   TRUE
   60    240
```

图 3-7　数据分割标识 spl

从分割结果中可以看出，spl为TRUE的值有240个，click数据框共有300个观察值，定义为TRUE的观察值所占比例恰好为80%，而spl为FALSE的观察值有60个，所占比例为20%，如图3-7所示。

使用subset函数构建训练子样本Train和测试子样本Test，具体命令如下：

```
Train = subset(click, spl == T)
Test = subset(click, spl == F)
```

在将click数据框划分为Train和Test两个子样本后，可以用Train子样本来生成分类树模型，用Test子样本来检验该分类树模型的预测效果。

3.3.2 初步建立模型

（1）建模所需的R包介绍

rpart包：进行分类树分析并绘制分类树，通常配合rpart.plot包使用。

rpart包主要是根据利奥·布莱曼（Leo Breiman）、查尔斯·斯通（Charles Stone）、杰罗姆·弗里德曼（Jerome Friedman）和理查德·奥尔申（Richard Olshen）的《分类与回归树》一书提出的理论编写的程序，rpart的含义是递归划分（recursive partition），正是分类与回归树方法的核心思想。

（2）示范操作

利用rpart包和rpart.plot包生成分类树模型，并绘出分类树图形。

首先，安装和调用rpart包与它的绘图包，具体命令如下：

```
install.packages("rpart")
install.packages("rpart.plot")
library(rpart)
library(rpart.plot)
```

接着，以训练子样本Train为依据建造分类树模型，因变量为SHOT，其余变量为独立变量，可以用如下命令：

```
CT = rpart(SHOT ~ ., data = Train, method = "class", minbucket = 15)
```

其中，CT表示该分类树模型的名称，可自己确定；

rpart是函数名称，其后的括号中，SHOT是因变量，在波浪线（~）的左边，波浪线的右边是自变量。这里，因为除SHOT之外的变量都是自变量，可以用"."表示。这也解释了为什么在数据预处理中要将无关变量X删除。如果不删除该变量，就必须明确指定所使用的自变量，案例数据中有AGE等八个变量，显然这会增加录入命令的工作量。

命令中的method="class"将其限定为分类树；

minbucket=15将终端节点的观察值的下限确定为15，即每个终端节点至少要包含15个观察值。

之后，就可以根据分类树模型画出分类树图形了，具体的命令是：

```
rpart.plot(CT,type=1,branch=1,extra=1)
```

type：可取1、2、3、4。控制图形中节点的形式。
branch：控制图的外观。如branch=1，获得垂直树干的决策树。
extra：显示节点的额外信息。

得到的分类树图形如图3-8所示。

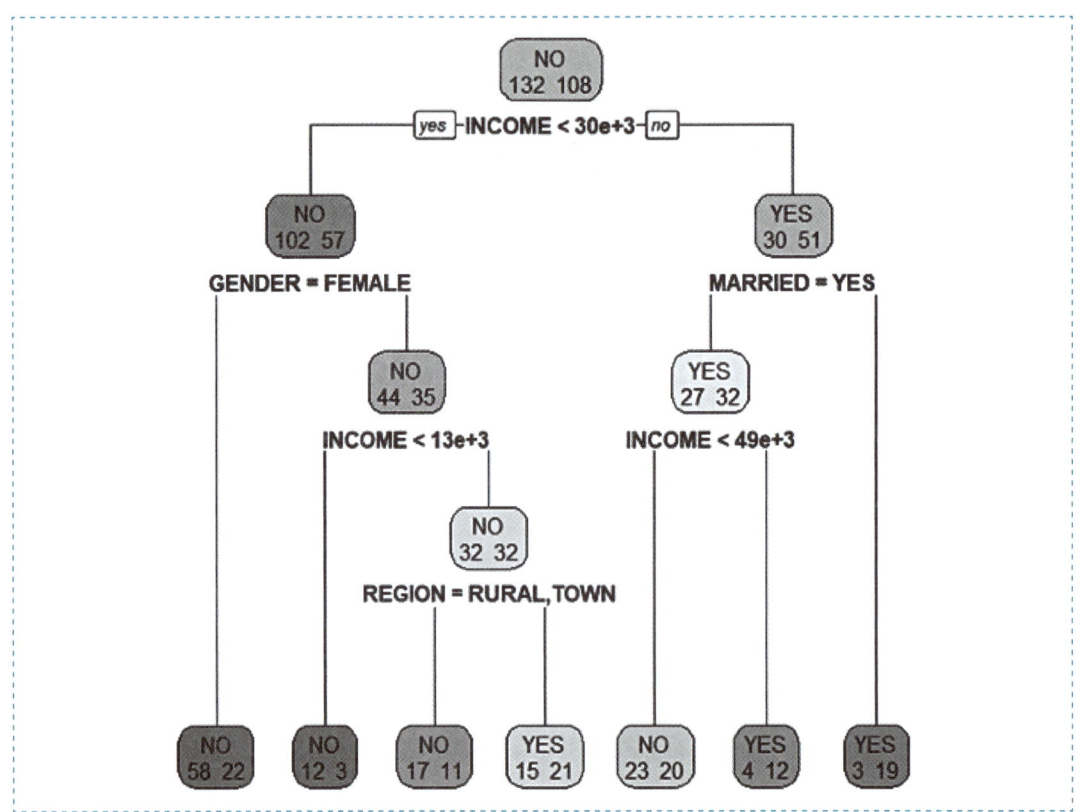

图 3-8　客户是否点击链接的 CART 树

3.3.3　模型解读

图3-8中根节点有数字132和108，分别表示点击NO的人数为132，点击YES的人数为108。根节点的颜色较浅，意味着点击YES和NO的人数比较接近，但点击NO的人较多，因此呈现出浅蓝色。同理在MARRIED = YES子节点中，左边的数字30表示点击NO的人数，右边的数字51表示点击YES的人数，点击YES的人数多于点击NO的人数，因此呈现绿色。其他子节点也是同理。最后的终端节点也是呈现出两种颜色（蓝和绿），只是深浅程度不同。

从根节点往下第一个节点，若收入低于3万元（即英文yes侧分支），则需要通过性别再次划分。①若性别是Female（即女性），则因变量SHOT的值等于NO，即不会点击链接（可能不是我们的定位目标）。②若性别不为女性（即男性），则需要通过收入再次划分。若收入低于13000元，SHOT的值为NO，则不会点击链接。若收入大于等于13000元，则要看REGION（即区域）。如果区域是RURAL（郊区），或TOWN（小镇），SHOT的值为NO，即不会点击链接，而如果住在其他区域，则会点击链接。

从根节点往下第一个节点，如果收入大于等于3万元（即英文no侧分支），则需要继续看婚姻状况。①若已婚，则需看下一个分支节点（收入）。如果收入低于49000元，则不会点击链接。如果收入大于等于49000元，则会点击链接。②若未婚，则会点击链接。

3.3.4 预测

利用测试子样本对分类树模型的预测效果进行检验，具体的命令为：

```
pred = predict(CT, newdata = Test, type = "class")
```

predict是预测的意思，CT是前面建立的分类树模型名称；
newdata = Test，表示用Test子样本来进行验证；
type = "class"，表示是分类树模型，这个预测模型的名称为pred。
接着，使用table命令将测试子样本因变量的实际值与预测值进行比较，具体的命令是：

```
table(Test$SHOT, pred)
```

其中，Test$SHOT表示测试子样本Test的因变量SHOT的实际值，pred则是SHOT的预测值。R中的结果如下：

```
         pred
        NO YES
    NO  22  11
    YES 13  14
```

图3-9　CART 分类结果与实际值的混淆矩阵

从混淆矩阵（图3-9）中可以看出，测试子样本Test的因变量SHOT实际值为NO，预测值也为NO的数量为22。实际值为YES，预测值也为YES的数量为14。这是预测准确的部分，因此预测准确度为：

（22+14）/（22+11+13+14）=0.6。

测试子样本Test的因变量SHOT实际值为NO，预测值为YES的数量为11。实际值为

YES，预测值为NO的数量为13，由此可得出错分率：

（13+11）/（22+11+13+14）×100%=40%。

再通过table来查看测试子样本Test的因变量SHOT的实际情况，具体命令为：

```
table(Test$SHOT)
```

从统计结果（图3-10）可以看出，在测试子样本Test中，因变量SHOT的值以NO居多，占比为33/（33+27）=0.55。如果不建立分类树模型，则可以采用下面的方法做预测，即不管自变量取什么值，都将结果预测为NO。这就是基准模型，它的预测准确度为0.55，低于CART模型的预测准确度（0.6）。这说明，建立CART模型可以提高预测准确度。

```
NO YES
33  27
```

图 3-10 测试集的实际点击情况统计

3.3.5 模型优化

printcp函数可以用来查看分类树的cp值，具体命令如下：

```
printcp(CT)
```

print是打印的意思，cp（complexity parameter）是复杂度参数的意思，CT就是前面定义的分类树模型的名称。运行该命令后，R中显示的结果为：

```
Classification tree:
rpart(formula = SHOT ~ ., data = Train, method = "class", minbucket = 15)

Variables actually used in tree construction:
[1] GENDER   INCOME   MARRIED  REGION

Root node error: 108/240 = 0.45

n= 240

          CP nsplit rel error  xerror    xstd
1 0.194444      0   1.00000  1.00000  0.071362
2 0.018519      1   0.80556  0.83333  0.069444
3 0.013889      4   0.75000  0.98148  0.071232
4 0.010000      6   0.72222  0.98148  0.071232
```

图 3-11 客户是否点击链接的 CART 树结果解读

从图3-11可以看出，实际用来进行分类的变量只有GENDER（性别）、INCOME（收入）、MARRIED（婚姻状况）以及REGION（区域）。

"n=240"代表着训练子样本有240个观察值。"nsplit"代表的是划分次数,"CP"就是它对应的cp值,也就是复杂度参数,"rel error"代表相对误差,"xerror"代表交叉验证的估计误差,"xstd"代表标准误差。从图3-11中可以看出,CP值越小,决策树的划分次数越多。当划分次数为0时(nsplit=0),意味着决策树不分叉。当划分次数为6时(nsplit=6),决策树最为复杂,但预测效果不一定最好,可能出现过度拟合问题。

我们可以通过对决策树进行剪枝来避免过度拟合问题。一般选择最小交叉验证误差xerror对应的复杂度参数值来进行剪枝,这种方法叫作最小代价复杂度剪枝法。图3-11中最小交叉验证误差为0.83333,对应的CP值取0.02。

具体的命令为:

CT1 = rpart(SHOT ~ ., data = Train, method = "class", minbucket = 15,cp = 0.02)
pred1 = predict(CT1, newdata = Test, type = "class")
table(Test$SHOT, pred1)

从图3-12的混淆矩阵可以看出,测试子样本Test的因变量SHOT实际值为NO,预测值也为NO的数量为26。实际值为YES,预测值也为YES的数量为14,这是预测准确的部分,因此预测准确度为:

(26+14)/(26+7+13+14)=0.667

"剪枝"后,CART树的预测精度得到了进一步提升,预测精度从原来的60%提升到了66.67%。该模型预测可以更好地对潜在客户进行定位。

```
       pred1
       NO YES
   NO  26   7
   YES 13  14
```

图3-12 "剪枝"后CART树预测后的混淆矩阵

3.4 扩展学习:随机森林

3.4.1 随机森林的概念

由于决策树具有不稳定、模型会随样本的变化而剧烈变化的缺点(将示范操作中的随机种子改为其他数字生成的决策树可能完全不同),因此考虑把一个总样本变成N个随机样本，再基于每一个随机样本，构建决策树，生成N棵决策树，最后将N棵决策树组合起来"投票表决"。这种用随机的方式建立很多棵决策树构成森林的方法即为随机森林。该方法既可以处理离散型变量，也可以处理连续型变量。

随机森林是一个包含多个决策树的分类器，其输出的类别是由个别树输出的类别的众数而定的。这个术语是1995年由贝尔实验室的Tin Kam Ho所提出的随机决策森林（random decision forests）而来，而后Leo Breiman和Adele Cutler发展并推论出随机森林的算法，"Random Forests"是他们的商标。

3.4.2 随机森林的原理及构建方法

如何将一个总样本变成N个随机样本呢？一般通过自助法抽样来实现，具体步骤如下：

① 对样本量为n的样本集S进行有放回的随机重复抽样，抽取样本量为n。

② 重复多次步骤①，以400次为例，则会产生400个样本量为n的自助样本。

③ 基于每一个随机样本，在全体自变量当中随机选取若干个变量（变量数通常为$\sqrt{自变量总量}$）来生成400棵决策树。

④ "投票表决"则可以采取"少数服从多数"的方式来进行预测。将新样本特征分别代进400棵决策树，将400个预测值当中的众数作为最终的预测结果。

由于样本选取以及变量选取具有随机性，使得随机森林具有较好的泛化能力和抗过度拟合能力。

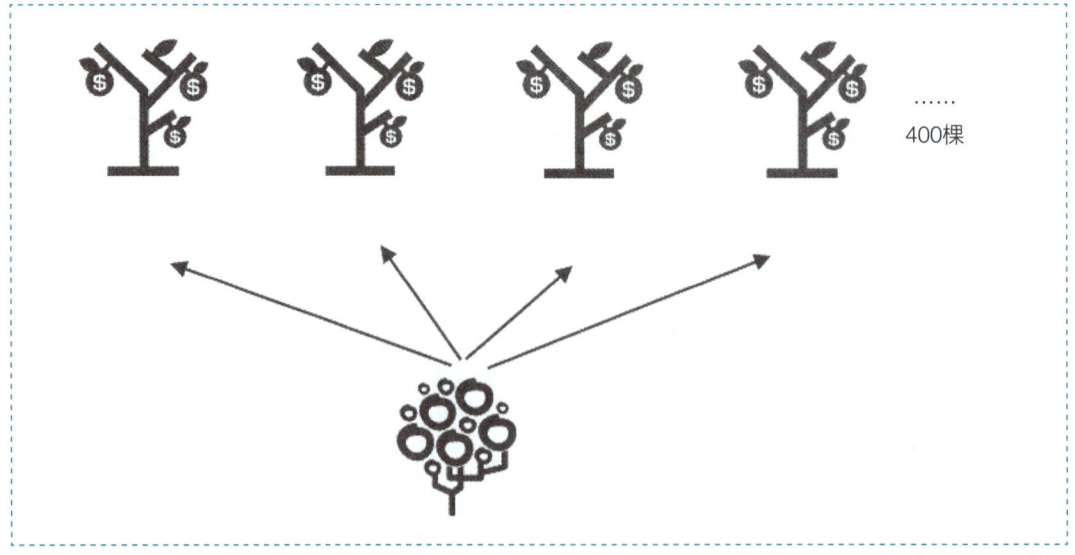

图 3-13 随机森林产生的过程

3.4.3 随机森林R示范操作

随机森林可以用来提高CART树的准确性。CART树只有一套数据，无论运行多少次都只有一棵树。通过对样本进行随机取样，得到很多个样本，每个样本生成一棵树，这样就有很多棵树，从而构成一个森林。

（1）随机抽样示例

假定有一个样本是1、2、3、4、5，共有5个值，我们在R中来操作一下：

```
sample(1:5,5, replace=T)
```

1：5表示1到5共5个数，5表示抽样5次，replace = T表示采用放回抽样的方式。整个代码意思是从1到5这五个数的样本中取5个数，每取出一个又放回去再抽一次。

（2）随机森林实现

① 安装并加载随机森林包。

```
install.packages("randomForest")
library(randomForest)
Train$SHOT = as.factor(Train$SHOT)  #随机森林需要设置为因子
Test$SHOT = as.factor(Test$SHOT)  #同样设置Test数据集因变量为因子
set.seed(123)# 设置随机种子保证结果能复现
```

② 通过训练数据集生成随机森林。

```
RF = randomForest(SHOT ~ . ,data =Train,ntree = 100,nodesize = 15)
```

将除了变量SHOT之外的所有变量全部设置为自变量。数据集选Train。生成树的数量为100。节点的观测值数量为15，相当于CART树中的minbucket，即节点观测值的下限，防止出现过度拟合。这里将节点观测值下限设置为15，表示每棵树每个节点的观测值数量不得低于15。

③ 通过模型进行预测。

```
predRF = predict(RF, newdata =Test)
table(Test$SHOT,predRF)
```

现在可以用测试子样本来检验它的效果。首先使用predict函数进行预测，RF即为随机森林模型的名称，newdata = Test表示用测试子样本作为数据。看一下预测的准确性。

使用table命令将测试子样本因变量的实际值test$SHOT与预测值predRF进行比较，检验预测的准确性。

```
        predRF
       NO YES
   NO  23  10
   YES 13  14
```

图3-14 利用随机森林产生的混淆矩阵

我们可以看到，测试子样本实际值为NO，预测值也为NO的数量为23。实际值为YES，预测值也为YES的数量为14。这是预测准确的部分，如图3-14所示。

由此得出预测的准确性为0.6167。这个预测结果的准确性比CART树模型的0.6和基准模型的0.55都要高，这说明随机森林模型改善了预测的准确性。

随机森林就是从样本数据中随机抽取数据，生成很多棵树，由这些树构成森林。通过森林中的每棵树对测试数据进行预测，取得票最多的结果作为预测值。

请思考：为何一套数据可以得到多棵CART树，从而构成随机森林，随机森林的优点和不足各是什么？

答案：通过对总体样本随机抽样产生随机样本集，再通过选取若干变量构建多棵决策树，从而构成随机森林。

随机森林优点表现在：①能处理很高维度的数据（即很多变量的数据），并且不用做特征选择；②在训练完之后，随机森林能给出哪些特征（变量）比较重要。

随机森林的缺点表现在某些噪声较大的分类或回归问题上会出现过度拟合的问题。

3.5 典型案例实操：乐器店目标消费者定位

在当前的市场环境下，挽留回头客无疑会比重新拓展新客户更加有效。营销人员可以通过何种手段判断谁能重复购买呢？可以参考的依据有哪些呢？大数据环境下，管理者可以得到关于消费者购买意愿更多有价值的信息。

本案例研究某乐器店消费者购物意愿以及影响因素数据。通过建立消费者购买意愿预测模型，为销售人员更准确地判断回头客提供参考。

本案例使用的数据集文件名为："reponse2.csv"，代码文件为"WillingToPurchase.R"。

该数据集选自合鲸社区，包含15个变量（表3–5），1010个观测值。

我们希望根据前面14个变量推断出顾客购买乐器的意愿。

表3–5 案例变量描述

代表内容	字段名	字段描述
我喜爱音乐	Music	一点都不喜欢1-2-3-4-5非常喜欢
我选择快歌慢歌	Slow songs or fast songs	慢节奏1-2-3-4-5快节奏
舞曲	Dance	一点都不喜欢1-2-3-4-5非常喜欢
民乐	Folk	一点都不喜欢1-2-3-4-5非常喜欢
乡村音乐	Country	一点都不喜欢1-2-3-4-5非常喜欢
抽烟习惯	Smoking	Never smoked从不吸烟 - Tried smoking - Former smoker - Current smoker经常吸烟
上网时间	Internet usage	No time at all 从不 - less than an hour a day 每天少于1小时 - few hours a day 每天几小时 - most of the day 一天中大部分时间
年龄	Age	年龄
收入	Earning	收入
兄弟姐妹数量	Number of siblings	兄弟姐妹数量
性别	Gender	性别
操作习惯	Left - right handed	左撇子、右撇子
是否独生子女	Only child	是否独生子女
生活区域	Village - town	City住在城市 - village住在农村
购买意愿	WillingTo Purchase	是否愿意购买：1-是，0-否

要求 请完成案例数据分析，然后回答以下问题：

1. 使用caTools包对数据集进行划分后，训练集有____个数据，测试集有____个数据。

2. （CART模型）以WillingToPurchase为依赖变量，其他14个变量为独立变量，使用默认参数建立分类树模型（规定minbucket=75，method="class",data = Train），产生的分类树有____次划分。

3. （CART模型）生成的分类树第一次划分使用的独立变量是____。

4.（CART模型）通过分类树模型代入Test数据集，拟合准确度是____。

5.（随机森林模型）使用随机森林包生成模型（其中method = "class",ntree =100,nodesize = 20）在测试子样本上的准确性为____。

第4章 商品分类与选品

4.1 案例导入

Lazada,东南亚地区较大的在线购物网站之一,目标主要是印度尼西亚、马来西亚、菲律宾以及泰国用户。Lazada集团自2016年起成为阿里巴巴集团东南亚旗舰电商平台。中国跨境电商卖家想进入东南亚市场,Lazada是首选的电商平台[①]。

Lazada如何优化选品,以及如何在卖家中心选择正确的产品分类呢?

首先,如何选品。选择热卖品类意味着更多的浏览量和更多的销售机会。

在Lazada,目前热卖品类包括运动与户外、汽配与周边、家居生活类、旅游箱包类、儿童玩具与婴儿产品、手表和太阳眼镜。这六类产品在过去三个月,销量和收入大幅增长,且具备很高的持续增长潜力。

热卖品类的产品会比其他产品拥有更高的曝光率和点击率。因此,请尽量选择上传上述类别的产品以增加销量。

其次,任何产品都必须放在正确的产品类目下。

据Lazada统计,50%的客户会通过网页左边的类目栏,选择他们感兴趣的类目,点击浏览该类目下的产品;而另外50%的客户会在Lazada平台顶端的搜索栏输入关键字,搜索产品,而产品也将按类目分别显示。

因此,选择正确的产品分类,能够有效提高产品被搜索到的机会。

如果选择了错误的产品类,会有哪些不良后果呢?

第一:错误的类别会降低产品排名,甚至使产品无法显示在搜索结果页面,目标客户群便无法查看到,直接降低产品的曝光率和点击率,从而减少订单转化率。

第二:在申请参加Lazada促销活动时,Lazada会审核提交的产品。一旦发现产品选择

---

① 资料来源:微信公众号大泉州招工《赶紧学,Lazada优化选品以及如何选择正确的产品分类》。

了错误的类目就不能通过审核，无法参加促销活动，从而错过销售良机。

热销品类，意味着更多的销售机会。选择正确的产品分类会有助于产品的曝光率和点击率，增加产品参与促销的机会，从而提高销售业绩。

近几年来，我国跨境电商得到飞速发展，这为中小企业拓展海外市场提供了重大机遇。中小企业要积极了解国外电商平台，熟悉其运营规则，将中国优质商品销往全世界；同时，要加强诚实守信、服务客户、以客户为中心的职业道德修养，避免商品侵权、假货以及产品不符等情况出现，自觉践行行业职业精神和职业规范。

> **思考**
>
> 1. 跨境电商选品时，需要考虑哪些因素？
> 2. 如何正确选择产品细分类目？

4.2 知识要点

4.2.1 商品分类与选品分析

商品分类是指根据一定的管理目的，为满足商品生产、流通、消费活动的全部或部分需要，将管理范围内的商品集合总体，以所选择的适当的商品基本特征作为分类标志，逐次归纳为若干个范围更小、特质更趋一致的子集合体（类目），例如大类、中类、小类、细类，直至品种、细目等，从而使该范围内所有商品得以明确区分与体系化的过程。

随着电商平台的日益扩大，商品越来越多样化，为平台、商家对商品进行准确的信息标注带来了巨大的挑战，同时也为消费者搜索商品增加了难度。电商平台通过将海量的商品有序组织起来，建立一种细粒度的层次划分体系，一方面可以方便地为客户推荐相似商品，获得愉快的购物体验；另一方面，可以方便商家整理销售数据，做出销售决策。传统分类系统一般依赖于关键字，工作人员根据商品描述为其打上对应的标签，既费时又费力；卖家在提供商品描述时也经常带有主观性，且经常带有新词汇或迷惑性词语，这就导致标签不好给出，并导致推荐算法准确率下降，从而影响下单率。因此，电商平台想要提高下单率、口碑和用户黏性，提供准确的商品分类算法是首要考虑的问题。

将不同的产品放置到规划好的类目中，最为重要的原因是为了方便消费者进行购物、提升电商平台的购物体验感。同时，某些品类的产品需要特殊认证，比如安防类产品必须提供3C、CE认证；食品和保健品类产品，因为清关的检验严格，需要提供较多的检验证书和证明。另外，在不同的类目，流量也会不同，不同类目所产生的流量也是不一样的。

当卖家在上传产品时，如果不慎将产品放置到了错误的类目中，那么这个产品就会丢失很大一部分的有效曝光，甚至产品的广告位置基本不会有任何的曝光。

选品是卖家从供应市场中选择适合目标市场需求的商品。在选品时，一定要明确自己店铺的定位，清楚店铺商品的类目，像服饰箱包、运动户外、网红名品、家居生活、宠物车载等，选择适合店铺发展以及平台发展的商品。假如店铺选择办公类目，那么就必须卖办公用品，不要卖衣服、袜子等与办公类目不相关的商品。同时，选品也需要考虑其他诸多因素，如质量、价格、人气等。

无论是商品分类还是选品，都需要利用数据分析，通过一定的技术条件构建模型，改善产品结构，挖掘客户潜在购买需求，从而提供更好的购物体验。

4.2.2 聚类分析原理及模型

聚类分析是一种探索性的分析，在分类的过程中，人们不必事先给出一个分类的标准。聚类分析能够从样本数据出发，自动进行分类。聚类分析所使用方法不同，常常会得到不同的结论。不同研究者对于同一组数据进行聚类分析，所得到的聚类数未必一致。

从实际应用的角度看，聚类分析是数据挖掘的主要任务之一。而且，聚类能够作为一个独立的工具获得数据分布状况，通过观察每一簇数据的特征，集中对特定的聚簇集合作进一步的分析。聚类分析还可以作为其他算法（如分类和定性归纳算法）的预处理步骤。

4.2.3 聚类分析方法

聚类分析方法，是定量地研究地理事物分类问题和地理分区问题的重要方法，常见的聚类分析方法有层次聚类法、K-means聚类法等。

（1）层次聚类法

层次聚类法是常用的聚类方法之一。在层次聚类法中，首先选取距离的类型并确定类间距离的计算方式，随后按照距离的远近将数据一步一步归为一类，直到所有的数据全部被归为一个类别为止。或者先认为所有数据都是一个类别，然后通过距离远近将所有数据逐步分离开来，直到所有数据都被各自归为一类为止。最后，再利用一些标准和指标来决定将数据聚成几类。可以看出，层次聚类法在结果上有层次关系，因此可以通过"树状图"将聚类过程可视化。在层次聚类分析中，样本点一旦被划分到一个类中，将不能再被重新分配，即层次聚类是一次性的。另外，当样本量达到数百甚至数千时，层次聚类将很难处理。

（2）K-means聚类法

K-means聚类法，又称快速聚类法，有时也称扁平聚类。将n个对象分成k个簇，簇内高度相似，簇间较低相似。它并不知道训练集中的观测值的类别，它以观测值之间的距离作为度量观测值相似程度的指标，使用迭代的方法训练模型，受聚类个数和初始分布的影响。

K-means聚类法的思想是先选取k个对象作为初始聚类中心（可以随机选取也可以指定），然后计算每个对象与初始聚类中心之间的距离，并将该对象赋给最近的聚类中心形成类簇；重新计算每个类簇的中心（即计算每个类簇中对象的均值），然后不断重复直到满足某个终止条件。终止条件可以是没有（或最小数目）对象被重新分配给不同的聚类；没有（或最小数目）聚类中心再发生变化；误差平方和局部最小。该算法的缺点是易受异常值的干扰。

4.2.4 区间标度度量和数据标准化

在聚类分析中，有些变量的距离系数或相似系数计算受到量纲的影响较大。对于量纲数量级较大的变量往往标准差也会较大，其对距离的贡献将占主导地位，从而掩盖了其他量纲数量级较小的变量的贡献。因此，在计算距离系数或相似系数前，往往要对数据进行标准化处理。常用的方法有以下两种：

中心化变换：即用变量中的原始数据减去该变量的平均值。计算得到的新指标均以0为中心。

标准化变换：即在中心化变换的基础上再除以对应变量的标准差。经标准化变换，新的指标变成了均值为0、标准差为1的服从标准正态分布的数据。

在R语言中，可通过scale函数实现数据的中心化和标准化变换，即scale（data, center = T, scale = T）或默认参数scale（data）。其中，两个参数center和scale的解释：

① center和scale默认为真，即T（或TRUE）。
② center=T，scale=F（或FALSE）表示数据中心化。
③ center=T，scale=T表示数据标准化。

举例如下，表4-1是8件商品的标签属性数据，对这些数据进行数据中心化和标准化变换。

表 4-1 基础数据

序号	商品名称	属性1	属性2	属性3
1	商品1	39	0	31
2	商品2	3	2	65
3	商品3	2	3	55

续表

序号	商品名称	属性 1	属性 2	属性 3
4	商品4	9	38	2
5	商品5	8	34	17
6	商品6	5	2	57
7	商品7	21	17	5
8	商品8	45	2	9

在R中读取上述数据后，运行scale（data, center = T, scale = F）得到中心化数据，如表4-2所示。

表 4-2 中心化数据

序号	商品名称	属性 1	属性 2	属性 3
1	商品1	22.5	−12.25	0.875
2	商品2	−13.5	−10.25	34.875
3	商品3	−14.5	−9.25	24.875
4	商品4	−7.5	25.75	−28.125
5	商品5	−8.5	21.75	−13.125
6	商品6	−11.5	−10.25	26.875
7	商品7	4.5	4.75	−25.125
8	商品8	28.5	−10.25	−21.125

在R中读取上述数据后，运行scale（data, center = T, scale = T）得到标准化数据，如表4-3所示。

表 4-3 标准化数据

序号	商品名称	属性 1	属性 2	属性 3
1	商品1	1.3337882	−0.7838818	0.03413747
2	商品2	−0.8002729	−0.6559011	1.36062183
3	商品3	−0.8595524	−0.5919107	0.97047937
4	商品4	−0.4445961	1.6477514	−1.09727567

续表

序号	商品名称	属性1	属性2	属性3
5	商品5	−0.5038755	1.3917901	0.51206198
6	商品6	−0.6817140	−0.6559011	1.04850786
7	商品7	0.2667576	0.3039541	−0.98023293
8	商品8	1.6894651	−0.6559011	−0.82417595

4.2.5 对象相似度度量

对象间的相似度是以对象间的距离来计算的，本章介绍三种常用的距离计算方法。

（1）欧几里得距离法

最常用的距离度量方法是欧几里得距离法，定义如下：

$$d(x,y) = \sqrt{\sum_{i=1}^{n}(x_i - y_i)^2} \qquad (4-1)$$

式中 $x=(x_1, x_2, \cdots, x_n)$ 和 $y=(y_1, y_2, \cdots, y_n)$ 是 n 维的数据对象。

（2）曼哈顿距离法

曼哈顿距离法定义如下：

$$d(x,y) = \sum_{i=1}^{n}|x_i - y_i| \qquad (4-2)$$

（3）明考斯基距离法

明考斯基距离法定义如下：

$$d(x,y) = \sum_{i=1}^{n}\sqrt[p]{|x_i - y_i|^p} \qquad (4-3)$$

其中 p 是一个正整数，当 $p=1$ 时，它表示曼哈顿距离，当 $p=2$ 时表示欧几里得距离。

如果考虑到各个因素的权值不同，加入权重后的形式如下：

$$d(x,y) = \sum_{i=1}^{n}\sqrt[p]{w_i|x_i - y_i|^p} \qquad (4-4)$$

式中：w_i 为各因素的权重，并有 $\sum_{i=1}^{n}w_i = 1$。

在R语言中，可通过dist函数实现求两点的距离，表达式为：

dist（d, method = "euclidean"）。

其中：

① d是样本矩阵或者数据框。

② method是两点之间的距离，取值有"euclidean"，欧几里得距离法；"manhattan"，曼哈顿距离法；"minkowski"，明考斯基距离法等。系统默认采用欧几里得距离法。

4.3 R语言示范操作：零售商品分类

4.3.1 问题表述

零售是直接将商品或服务销售给个人消费者或最终消费者的商业活动，是商品或服务从流通领域进入消费领域的最后环节。电商平台对商品类别的分类主要按照消费者的需求及特征进行划分，如按消费者的衣、食、住、用、行划分，有食品类、服装类、鞋帽类、日用品类、家具类、家用电器类、纺织品类、五金电料类、厨具类等；按照消费者的需要层次划分，有基本生活品类、享受品类和发展品类等；按照消费者购买行为划分，有日用品类、选购品类和特殊品类；按照消费者的年龄和性别分有老年用品类、中年用品类、青年用品类、儿童及婴儿用品类；女士用品类、男士用品类等。

随着大数据时代的到来和电子商务的迅速发展，涌现出了以淘宝、京东为代表的大量网络零售平台。2021年，淘宝平台"双十一"交易额高达5403亿元。在高交易额的背后是日益激增的商品数量、日趋细化的商品分类，但在商品上架的实际操作中，部分商家因业务繁忙、操作欠熟练、类别难以确定等原因，对于商品类别等选项未做选择或随意选择，出现了大量商品类别错误或商品类别未标记的情况，在一定程度上导致用户不能找到心仪商品、店铺不能精准优推。

在商品类目推荐系统中，利用相关算法进行商品属性特征（或关键词）提取，对未带有标签分类的商品数据进行聚类处理，并对其优化来提高零售商品分类的准确率。

4.3.2 使用的R语言函数

（1）hclust函数

该函数用于计算簇之间的距离，表达式为：hclust（d, method = " complete ", members = NULL）。其中：

① d为待处理样本间的距离矩阵。

② method表示类的合并方法，主要有"complete"，最长距离法；"single"，最短距离法；"average"，类平均法；"median"，中间距离法；"centroid"，重心法；"ward"，离差平方和法等。系统默认采用最长距离法。

③members指出每个待聚类样本点由几个单样本构成。

（2）cutree函数

该函数是对hclust函数的聚类结果进行剪枝，即选择输出指定类别数的系谱聚类结果。表达式为：cutree (tree,k=NULL,h=NULL)，其中：

① tree，hclust函数的结果。

② k，控制得到几个簇。

③ h，控制需要剪枝树的高度。

（3）rect.hclust函数

该函数可以对层次聚类结果进行可视化展示。它是在plot形成的系谱图中指定类别，其样本分支用方框表示。表达式为：

rect.hclust
　　(tree,k=NULL,which=NULL,x=NULL,h=NULL,border=2,cluster=NULL)

其中：

① tree，hclust函数的结果。

② k、h，标量，切割使产生k个簇或者在高度为h处切割。

③ which，向量，可以在指定簇上面用矩阵标注出来，与x不能同时设置参数。

④ x，从左到右，按数字聚类，x选择包含相应水平坐标的聚类，默认是1：k。

⑤ border，绘制图片矩阵的颜色。

4.3.3　R语言中的具体操作及结果

层次聚类的策略是先将每个对象作为一个簇，然后合并这些原子簇为越来越大的簇，直到所有对象都在一个簇中，或者某个终结条件被满足。绝大多数层次聚类属于凝聚型层次聚类，它们只是在簇间相似度的定义上有所不同。 这里给出采用最小距离的凝聚层次聚类算法流程：

① 将每个对象看作一个簇，计算两两之间的最小距离；

② 将距离最小的两个簇合并成一个新簇；

③ 重新计算新簇与所有簇之间的距离；

④ 重复②、③，直到所有簇最后合并成指定数量的簇。

已知有8件商品，现在根据已有数据，进行分类，数据如表4-4所示。

表 4-4 基础数据

序号	商品名称	属性1	属性2	属性3
1	商品1	39	0	31
2	商品2	3	2	65
3	商品3	2	3	55
4	商品4	9	38	2
5	商品5	8	34	17
6	商品6	5	2	57
7	商品7	21	17	5
8	商品8	45	2	9

首先确定分类的数量，也就是簇数，在这里，我们设定簇数K=3，也就是将上述8件商品分成3类。为便于对过程的理解，采用原始数据进行分类，而没有采用标准化数据，实际应用中需根据实际情况判断是否需要对数据标准化。以下是分类过程：

第一步，读取数据并查看数据结构；

```
data<-read.csv("shangpin.csv",header = T)
str(data)
data1<-data[,3:5]
data1
```

第二步，计算每两个电影间的距离，采用欧几里得距离；

```
dist= dist(data1, method="euclidean")
dist
```

输出结果如表4-5所示。

表 4-5 欧几里得距离

号	1	2	3	4	5	6	7
1	0						
2	49.558047	0					

续表

号	1	2	3	4	5	6	7
3	44.204072	10.099505	0				
4	56.435804	72.807967	63.898357	0			
5	48.093659	57.905095	49.406477	15.556349	0		
6	42.848571	8.246211	3.741657	65.855903	51.312766	0	
7	35.902646	64.412732	55.290144	24.372115	24.535688	56.435804	0
8	22.891046	70.000000	62.976186	51.390661	49.568135	62.481997	28.5832

第三步，簇间距离聚类，采用最短距离；

hclust=hclust(dist,method = "single")

第四步，聚类结果绘图，并添加分类框。

plot(hclust)
cutree(hclust,3)
rect.hclust(hclust,k=3)

聚类结果如图4-1所示。

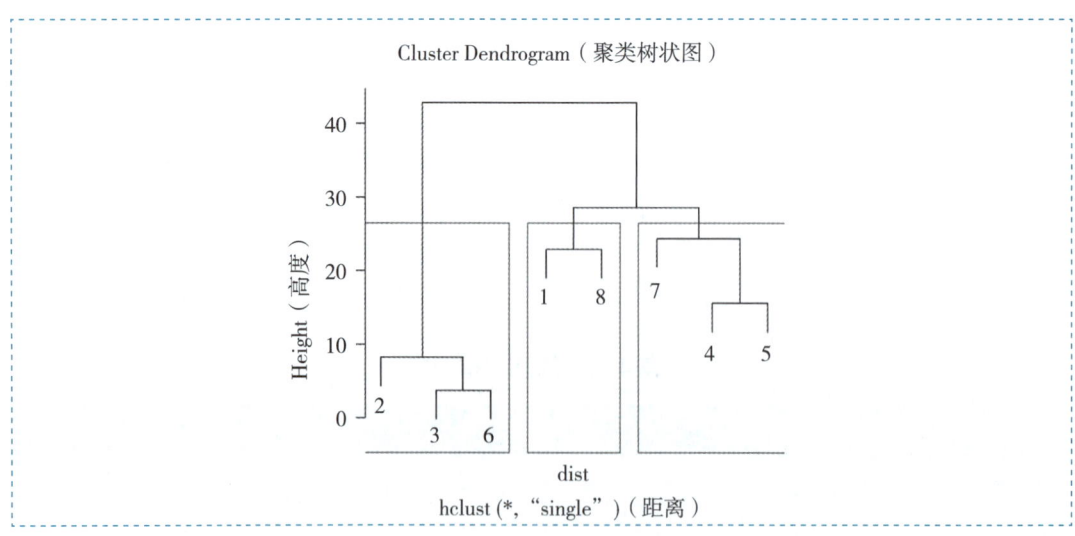

图4-1　层次聚类结果

4.4 R语言示范操作：连衣裙选款

4.4.1 问题表述

夏不离裙，似乎已经成为爱美女孩所遵循的不成文的规定。在夏季，打造连衣裙明星爆款也是服装企业电子商务运营中重要的战略手段。打造明星爆款，这个"款"很重要。选出具有爆款潜质的产品，集中优势资源进行推广运营。如果方法得当，资源匹配到位，很可能实现电子商务爆款。所以说，选款是打造明星爆款的第一步。对服装企业来讲，通过数据化运营的方式，筛选出具有爆款潜力的产品，进而为打造爆款提供前置条件。不同品牌、店铺、产品的定款维度会有所不同，但以下4个核心指标却基本一致：

① 搜索人气，即搜索人次，潜在买家对一个连衣裙关键词搜索一次的记录。反复搜索，一个IP地址只记录一次。

② 支付转化率，即所选时间内支付买家数除以访客数，即访客转化为支付买家的比例。

③ 在线商品数，即电子商务平台某个连衣裙目标关键词的在线商品数有多少。如2019年8月22日这一天，包含"连衣裙"这个关键词的宝贝，淘宝所有终端加起来，在线商品数共有5312450个；包含"连衣裙2019新款夏"这个关键词的宝贝，淘宝所有终端加起来，在线商品数共有3308436个。

④ 商城点击占比，即商城点击占比=点击某店铺商品的点击量/点击所有店铺商品的总点击量。

4.4.2 使用的主要R语言函数

K-means聚类使用的函数为kmeans( )，表达式为：

```
kmeans(x,centers,iter.max=10,nstart=1,algorithmc=c("Hartigan−wong","Lloyd","Forgy",
"MacQueen"),trace=FALSE)
```

其中：
① x，数据集。
② centers，预设类别数k。
③ iter.max，迭代的最大值，默认为10。
④ nstart，选择随机起始中心的次数，默认为1。

⑤ algorithm，提供了四种算法。

⑥ trace，逻辑值为真时，则产生跟踪算法进度的信息。

4.4.3 R语言中的具体操作及结果

K-means聚类是基于样本集合划分的聚类算法。K-means聚类将样本集合划分为k个子集，构成k个类。将n个样本分到k个类中，每个样本到其所属类的中心距离最小，每个样本仅属于一个类。

算法步骤为：

① 首先确定一个k值，即将数据集经过聚类得到k个集合；

② 从数据集中随机选择k个数据点作为质心；

③ 对数据集中每一个点，计算其与每一个质心的距离（如欧式距离），离哪个质心近，就划分到那个质心所属的集合；

④ 将所有数据归好集合后，一共有k个集合，然后重新计算每个集合的质心；

⑤ 如果新计算出来的质心和原来的质心之间的距离小于某一个设置的阈值（表示重新计算的质心的位置变化不大，趋于稳定，或者说收敛），我们可以认为聚类已经达到期望的结果，算法终止；

⑥ 如果新质心和原质心距离变化很大，需要迭代③~⑤步骤。

第一步，读取数据并查看数据结构；

```
data<-read.csv("dress.csv",header = T)
str(data)
data1<-data[,2:5]
data1
```

第二步，数据标准化。该数据集变量间的水平（均值）有较大差距，需要考虑对变量进行标准化后再聚类；

```
data2=scale(data1,center=T,scale=T)
```

第三步，将样本分为3类；

```
kc<-kmeans(data2,3)
```

第四步，查看分类情况；

table(data$搜索词，kc$cluster)

第五步，k-means聚类的可视化；

#按照搜索人气与支付转化率显示
plot(data1$搜索人气，data1$支付转化率，col=kc$cluster,pch="*")
#按照在线商品数与商城点击占比显示
plot(data1$在线商品数，data1$商城点击占比，col=kc$cluster,pch="*")

输出结果如图4-2、图4-3所示。

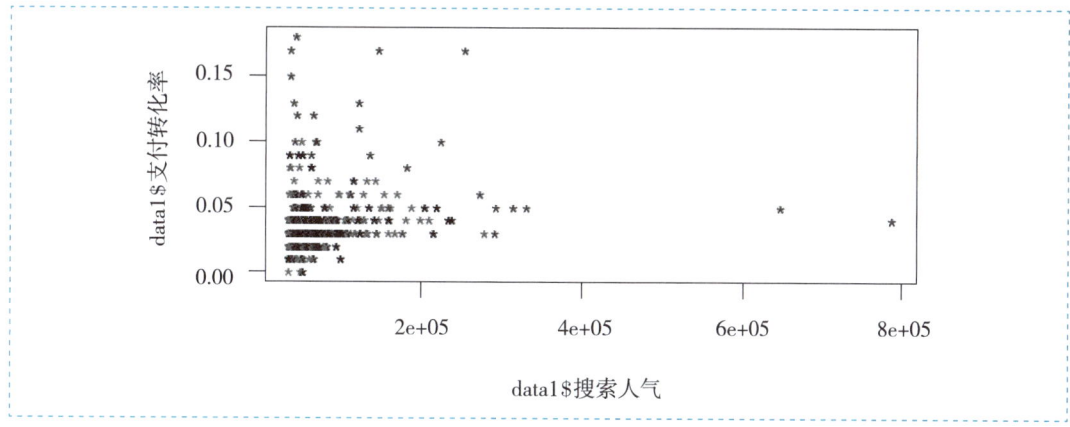

图 4-2　搜索人气与可支付转化率聚类结果

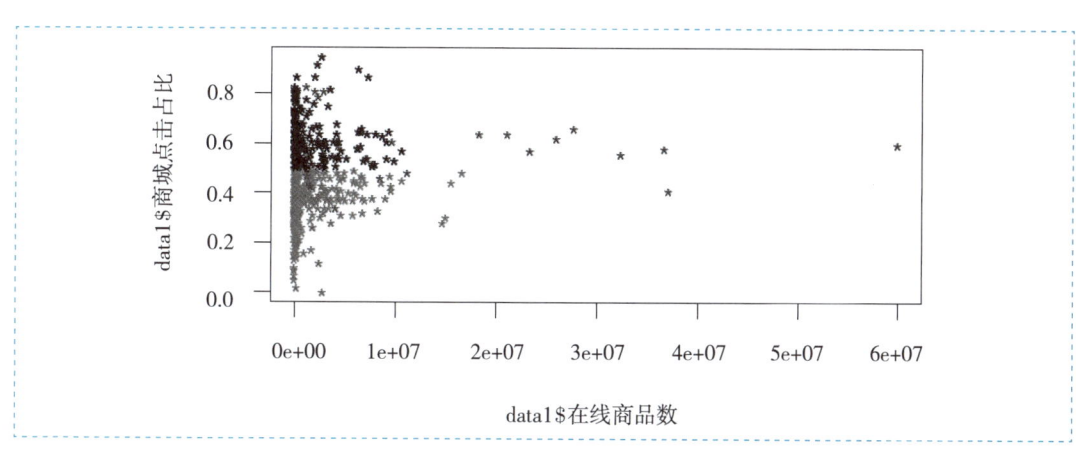

图 4-3　在线商品数与商城点击占比聚类结果

第六步，输出结果。

> result=data.frame(data,kc$cluster)
> write.csv(result,"result.csv")

4.5 典型案例实操：电影聚类分析

互联网的信息越来越多，用户面对大量数据信息的时候，无法获得对自己真正有用的部分，造成信息超载问题。推荐系统就是解决信息超载的一个办法。推荐系统依据用户的历史行为、社交关系、兴趣点等信息去判断用户当前需要或感兴趣物品/服务的应用。推荐是去预测用户对某个他没有使用过的物品/服务的喜欢程度（一般是打分机制），物品/服务可以是电影、书、音乐、新闻等；推荐系统核心任务主要是将用户和信息关联起来，对用户而言：推荐系统可以帮助用户找到喜欢的物品/服务，帮助用户进行决策，发现用户可能喜欢的新事物；对商家而言：可以给用户提供个性化的服务，提高用户的信任和关注度，增加盈利收益。

豆瓣网是一个社区网站，提供书影音推荐、线下同城活动、小组话题交流等多种服务功能，它更像一个集品味系统（读书、电影、音乐）、表达系统（我读、我看、我听）和交流系统（同城、小组、友邻）于一体的创新网络。豆瓣网数据库保存了所有用户为电影评价过的分数以及电影的一些信息，如演员、导演、类别、发行年份等。豆瓣网使用的推荐算法有：

（1）协同过滤

表 4-6 用户打分表

	功夫熊猫3	叶问3	美人鱼	宝贝计划
李华	10	8	10	8
王磊	10		4	10
刘梅		10	8	8
陈林	8	4		

注：（1）用户名为虚构；（2）豆瓣网评分满分为10分。

由表4-6可以看出，李华和刘梅都看过的电影有三部，两个人看起来对电影的兴趣很相似。既然李华对功夫熊猫3的评分很高，刘梅又没看过这部电影，可以向她推荐这部电影，这种技术称为协同过滤。

（2）内容过滤

利用内容信息向用户推荐电影。李华喜欢《功夫熊猫3》，且评分相当高。已知《功夫熊猫3》由亚历山德罗·卡罗尼导演，可以考虑推荐其导演的另一部电影《驯龙高手》；《功夫熊猫3》由杰克·布莱克主演并配音，可以考虑推荐其主演的《全民公敌》；《功夫熊猫3》属于喜剧、动画和冒险片，可以考虑推荐同属该类别的电影《神偷奶爸2》。

这两种算法各有优缺点，如协同过滤系统，即便是一个复杂的项目，也可以在对其缺乏了解的情况下做出准确的推荐；需要很多与用户有关的信息才能做出准确的推荐；当项目数量众多时，对计算能力要求高。而内容过滤算法，只需很少的数据即可开始操作，但使用范围有限。

豆瓣网同时使用协同过滤和内容过滤技术，例如，应用协同过滤技术可以发现李华和刘梅的偏好类似；接着进行内容过滤，李华和刘梅都喜欢的《宝贝计划》与《让子弹飞》属于同一个类别，可以向他们推荐《让子弹飞》。

豆瓣网数据库中的条目将电影进行分类，这些类别包括：剧情、喜剧、动作、爱情、科幻、动画、悬疑、惊悚、恐怖、犯罪、音乐、传记、历史、战争、西部、奇幻、冒险、灾难和武侠等。每部电影可能归入多个类别，能否用系统性的方法，找到属于相似类别的一组电影？

movies.csv数据集给出了1664部电影的分类情况，电影类型变量为未知、动作、冒险、动画、儿童、喜剧、犯罪、纪录、剧情、奇幻、黑色、恐怖、音乐、悬疑、爱情、科幻、惊悚、战争、西部19种。读取数据集，回答下列问题：

1.（多选题）聚类分析用于将数据归入不同的类别，下面适合用聚类分析方法的是（ ）。

   A．将百度搜索的结果按主题归入不同类别

   B．将上映的新电影归入豆瓣网不同的类型

   C．预测体操世锦赛的获胜选手

2.（单选题）豆瓣网想向在该网站购买了《新蝙蝠侠》电影票的用户推荐小说，应该使用（ ）。

   A．协同过滤　　　　　B．内容过滤

3.（单选题）豆瓣网想向曾在该网站购买过电影票的用户推荐电影，应该使用（ ）。

   A．协同过滤　　　　　B．内容过滤

4.（填空题）电影《教父》属于动作片、犯罪片和剧情片，其向量值为（0,1,0,0,0,0,1,0,1,

0,0,0,0,0,0,0,0,0,0);电影《泰坦尼克号》属于动作片、剧情片和浪漫片,其向量值是(0,1,0,0,0,0,0,0,1,0,0,0,0,0,1,0,0,0,0),则这两部电影的欧几里得距离是(　　)。(提示:在R中进行计算,将计算结果复制粘贴作为答案)

5.(填空题)在movies.csv数据集中,喜剧片(类别为comedy)有(　　)部,西部片(类别为Western)有(　　)部〔提示:用table( )函数统计数量〕。

6.(填空题)既是剧情片,也是爱情片的有(　　)部〔提示:用table (movies $Drama, movies $Romance)语句统计数量〕。

7.(选做题)请用dist函数计算每两部电影的欧几里得距离。

8.(选做题)请用hclust函数计算簇间距离,计算方法用"ward.D",即离差平方和法。

9.(选做题)如果将其分为10类,对上述结果进行层次聚类可视化分析。

第5章

产品定价与预测

5.1 案例导入

葡萄酒酒标上的年份，代表的是酿这瓶酒所用的葡萄采摘的年份。不同年份的光照、雨水、温度等各项条件都存在差异，只有各方面因素相互配合得非常好才能获得格外优异的酒款品质。因此年份不同，相同产区、相同生产工艺的葡萄酒质量也会有很大差别。优秀年份的葡萄酒会比普通年份昂贵得多。

每年新鲜酿制的葡萄酒称为新酒，新酒通常入口酸涩，需要存放一段时间，葡萄酒继续"成熟"变为更加柔和、醇香的陈酒。某年份葡萄酒的价格高低，取决于其陈酒的品质。因此葡萄酒贸易商需要在新酒上市时，预测陈酒的品质。

这项工作通常由权威的葡萄酒专家打分决定。罗伯特·帕克（Robert Paker）是葡萄酒界知名的酒评家，其葡萄酒评分在整个行业内具有极高的权威性。按照Paker对最让世人熟知的法国波尔多葡萄酒的评分，表现优异的年份有：2010、2009、2005、2000和1990年，表现较差的年份有：2013、1993、1992、1991、1984和1980年。

有趣的是，在1990年3月，普林斯顿大学的经济学教授Orley Ashenfelter表示他能在没有品尝一滴新酒的前提下，就能预测陈酒的品质（具体表现为价格）。他是如何做到的呢？如图5-1所示，1952—1978年，波尔多葡萄酒价格（取对数）与当年生长季节的平均温度呈现出正向变化的趋势。

假设我们是波尔多葡萄酒酒庄的数据分析师：需要预测陈酒价格，以便制定当年葡萄酒新酒交易的策略。

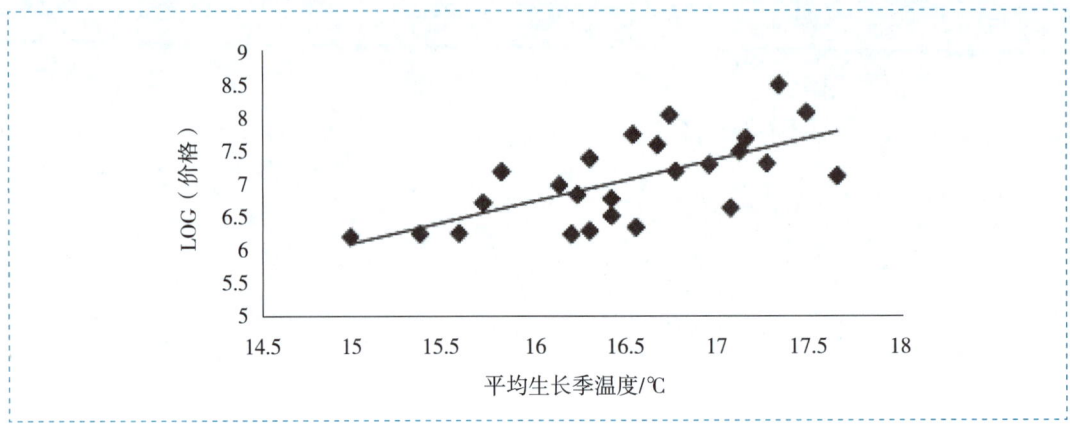

图 5-1 葡萄酒价格与平均温度

> **思考**

为了分析这样一个任务，我们需要准备多少信息呢？

1. 葡萄酒价格与平均温度有关吗？

首要的目标应该是判断图5-1的数据是否提供了葡萄酒价格与平均温度之间关联的证据，如果关联不强，那么分析就没有必要进行下去。

2. 葡萄酒价格与平均温度间的关系有多强？

假设葡萄酒价格与平均温度之间有关联，那么这种关联有多强？换句话说，给定当年的葡萄生长季节的平均温度，能都准确预测明年葡萄酒的价格吗？如果可以，两者之间应该是一种强相关关系。

3. 除了平均温度，葡萄酒价格还会跟其他哪些因素有关联呢？

除了平均温度，当年的光照、雨水、温度等各种因素是否对葡萄酒的品质（价格）产生影响？要回答这个问题，必须找到一个方法，精确地估计各个因素对葡萄酒价格的单独影响。

事实证明，线性回归模型可以用来回答以上问题。该模型是一种既简单易学，又有效且得到广泛应用的商务数据分析方法。

5.2 知识要点

产品定价是商业决策中的核心问题之一。价格是沟通产品买卖双方交易行为的基本桥梁，产品定价因涉及交易双方的核心利益而具有强烈的现实意义。同时，在社会主义市场经济体制下，价格是实现社会资源和社会福利配置的重要手段，产品定价自然成为经济问题的中心而显得至关重要。《中华人民共和国价格法》中明确规定，我国有市场调节价、政府指导价和政府定价三种价格形式，这三种价格形式就是我国市场经济条件下价格形成的方式。绝大多数商品和服务价格实行市场调节价，极少数具有非排他性和非竞争性的公共品和高度垄断的公用事业产品、服务实行政府指导价或者政府定价。本章讲述的产品定价主要指市场经济条件下的市场调节定价行为。

相关企业案例研究表明，合理定价可使产品供应商平衡利润率与销售额，从而达到预期目标，而定价失误则导致产品滞销或利润率过低[①]。亚马逊公司的差别定价导致客户购买同一产品的价格不一致，虽给企业带来短期利润的增长，但却是以损害其声誉为代价的，并且需补偿消费者价格差价。而伟达公司的高价高质策略，使该公司生产的矿泉水价格高于同类产品，由于该产品的可替代性较强且消费者选择较多，因此高价是失败的定价策略。相比之下，小米及宜家的定价成功，是基于其准确把握市场形势、科学分析消费者需求及产品特点的结果，其定价是科学合理的，因此为企业快速打开消费市场并获得了一定的市场占有率（表5-1）。可见，产品定价是决定企业成败的重要因素，其不仅关系到产品的利润、销量，更直接影响其市场份额等。

表 5-1　典型企业产品定价案例

企业	定价方式	定价影响
亚马逊	动态定价，即根据对潜在客户的统计数据，如消费历史及上网行为等确定产品定价	蒙受经济损失，声誉受到损害
伟达	新产品高价高质策略	新产品滞销，造成大量积压，企业损失巨大
小米	技术为本、性价比为纲、做最酷的产品，采取低价、降低利润率策略	打开智能手机市场且市场占有率迅速提升
宜家	在产品设计之前，先设计价格。根据产品成本、竞争对手同等产品的价格及产品销售情况定价	在全球迅速扩张，成为全球最大家具家居用品商家

资料来源：季明昕. 多特征的企业产品智能定价方法研究［D］. 昆明：云南财经大学，2022.

5.2.1　产品定价的步骤与方法

产品定价一般包括以下三个步骤：确定定价目标、选择定价方法、确定最终价格。

---

① 资料来源：杜鹏. 面向策略式消费者的创新产品定价问题研究［D］. 天津：南开大学，2014.

5.2.1.1 确定定价目标

产品在定价前,需要依据公司战略、市场战略、产品组合战略,确定该系列或者该产品的定价目标。定价目标一般从三个方面来衡量,即①提高产品竞争力;②满足消费者需求;③满足利润目标。产品定价可以是为了达成其中一个目标,也可以是几个目标的综合考虑。

这三个定价目标又可以细分为几个子目标。比如提高产品竞争力可以细分为打开新产品销路、提升市场份额、提高销售增长速度、阻止潜在的竞争者进入等策略目标;满足消费者需求可以细分为提高消费者满意度、增加每个消费者贡献值、提高消费者品牌认可度等策略目标;满足利润目标可以细分为提高产量从而降低成本、达到目标利润,甚至是在市场不景气情况下保本经营等策略目标。可见每一个具体的定价行动都应该具有与之对应的经营背景和目的相匹配。

5.2.1.2 选择定价方法

(1)需求导向定价法

需求导向定价法是以消费者对产品的需求量和对价格的承受能力为基础的一种定价方法。产品定价策略要符合消费者对该产品的认知价值。因此需求导向的定价法需要做大量的消费者调研工作,分析消费者对价格的承受能力和价格敏感度,以及不同类型消费者对产品定价的影响。该方法对调查设计、调查实施过程控制以及数据质量有较高要求。

① 价格承受能力分析

条件价格评估法(contingent valuation method,CVM),又称意愿调查评估法,是消费者价格承受能力分析的主流方法。CVM基于假设的情境以问卷形式测度被调查对象对产品的支付意愿。一般情况下,CVM通过模拟市场和询问消费者一系列的假设问题来获取其对某种产品的最大支付意愿[1]。CVM是一个有效的评估方法,但使用CVM有一定限制,最重要的就是调查方法的设计,并且估算时需要考虑各类偏差。因为CVM是在虚拟模拟情境,询问消费者一系列假设问题来获取其对某产品的最大支付意愿,故出现误差的概率较大[2]。

② 价格敏感度分析

消费者的价格敏感性高低会直接影响消费行为。通常在产品或服务等属性大致相同的情况下,消费者会倾向于选择价格低的产品。但寻找低价的产品通常需要花一定的时间和精力比价,价格敏感度高的消费者对价格变化的反应大,更倾向于搜索低价产品,容易对

---

[1] 资料来源:王进,柳鹏程. 基于CVM设计的有机食品支付意愿研究——以武汉市消费者为例[J]. 湖北农业科学,2015,54(02):490-496.

[2] 资料来源:贺正寅. 消费者对鸡肉动物福利属性支付意愿的实证研究[D]. 上海:上海财经大学,2021.

特定品牌产品产生忠诚；而价格敏感度低的消费者则相反，他们愿意支付较高的价格购买高知名度、高品质的产品。

消费者的价格敏感度分析主要采用因素分析法，考查的因素包括独特价值效应、替代品知名效应、难以比较效应、总开支效应、最终利益效应、分摊成本效应、积累投资效应、价格质量效应等。对于这些效应分析，也可以采用定性赋值的方法，衡量不同产品的价格敏感度差异。

③ 不同类型消费者对产品定价的影响

市场上按照消费者购买行为的差异，可以分为短视消费者及策略消费者两种。短视消费者根据目前的消费需求作出购买决策，无须考虑产品未来的价值；而策略消费者不仅考虑产品或服务当前的价格，还关注产品未来的价格等，以使自身利益最大化。对于短视消费者，企业产品定价较为容易，不需要考虑消费者的跨期选择行为；而对于策略消费者，他们通过已有的购买经验和信息技术手段对商品价格进行合理的预测，择机在产品价格走低时购买[1]。企业和策略消费者之间的博弈要求企业在产品定价上更讲究策略。

随着我国人民教育水平、购买力以及电子商务普及率等的提升，消费者在购买商品时，掌握了更多信息，同时也拥有更多的理性，促使消费者在购买商品时变得更具有战略性，电子商务的发展也促使消费者在购买过程中的地位发生质的变化，使之更具主动地位。"双11"期间消费者与商家之间的"斗智斗勇"是策略消费者行为的典型代表。消费者越来越"聪明"，注重比价：在正常销售期选好中意产品，待到"双11"期间购买[2]。比价广告、比价软件等手段更加强化了消费者的比价行为。另外，商家也通过制定价格承诺、动态定价、差价补偿以及返还优惠券等策略，来对冲策略消费行为带来的影响，提高经营收益。

（2）成本导向定价法

成本导向定价法是以产品成本为依据来制定价格的方法。该方法考虑因素相对简单，数据可得性较强，因此是企业最基本、最常用的定价方法。成本是定价中的重要因素。定价时必然要考虑生产、营销和管理的各种费用。低成本企业可以利用低价格吸引更多对价格敏感的消费者，而高成本企业应将愿意支付高价格的消费者作为目标市场。

产品成本分析需要通过固定成本、变动成本和总成本的计算，确定销售量的盈亏平衡点，并依据不同的价格下的销售收入进行企业利润的计算，并计算产品目标利润下的销售量目标。

---

[1] 资料来源：季明昕. 多特征的企业产品智能定价方法研究［D］. 昆明：云南财经大学，2022.
[2] 资料来源：李娟，濮阳小娟. 具有折扣销售期的网络零售商定价策略分析［J］. 管理工程学报，2017，31（03）：149-154.

（3）竞争导向定价法

竞争导向定价法是以竞品的产品特性与价格为依据，使本企业产品与市场主流产品的价格保持一致。对于市场产品价格分析，主要分析的要素包括市场产品的定位、价格，以及产品价格的影响因素等。数据的来源一般通过三个途径：第一个是市场反馈信息，包括销售人员、渠道商反馈的数据；第二个是市场调查信息，通过现场或者网络调查获取的竞争产品信息；第三个是电商平台的产品价格信息。

5.2.1.3 确定最终价格

依据以上的分析，根据不同的定价目标，基本上可以确定产品的定价或者定价范围。当然实际的产品定价还要考虑国家产业政策、行业发展趋势以及公司市场战略等因素。

5.2.2 线性回归模型原理

社会经济现象之间大都存在着不同程度的联系。回归分析则是研究一个变量关于另一个（些）变量的依赖关系的计算方法。在回归分析中，应根据研究目的区分因变量（Y）和自变量（X），其目的在于通过自变量的已知或设定值，去估计和预测因变量的总体均值。

线性回归模型针对的是连续型的因变量，如上例中葡萄酒的价格，这个因变量往往关乎业务的核心问题。根据回归分析的定义，变量与变量之间的依赖关系可以是线性的也可以是非线性的。为了研究的方便，大多回归分析函数常设定成线性形式，即回归系数只以它的一次方出现，称为线性回归模型。

（1）一元线性回归模型

一元线性回归模型，顾名思义，是一种根据单一自变量X预测因变量Y的方法。它假定X与Y之间存在"近似"的线性关系。在数学上，可以将这种线性关系记为：

$$Y \approx \beta_0 + \beta_1 X \tag{5-1}$$

式（5-1）中的"$\approx$"表示"近似"的关系。通常可以将式（5-1）描述为Y对X的线性回归。例如在图5-1中，Y代表葡萄酒价格，X代表平均温度，我们可以通过一条直线"近似"地表示Y与X的变化趋势。式（5-1）中的β_0、β_1是两个未知的常量，它们分别表示图中直线的截距和斜率。β_0、β_1被称为模型的系数。一元线性回归模型，是基于图5-1中的数据"点"估计出回归"直线"的方法，即使用1952—1978年波尔多葡萄酒价格（取对数值）与当年生长季节的平均温度数据估计β_0和β_1的值。

在实践中，β_0和β_1都是未知的，在做出预测之前，我们必须估计出β_0和β_1的值。不同的β_0和β_1的值，决定了不同的回归线。直观地来看，图5-2中有三条回归线，哪一条更能代表数据点的变化趋势呢？

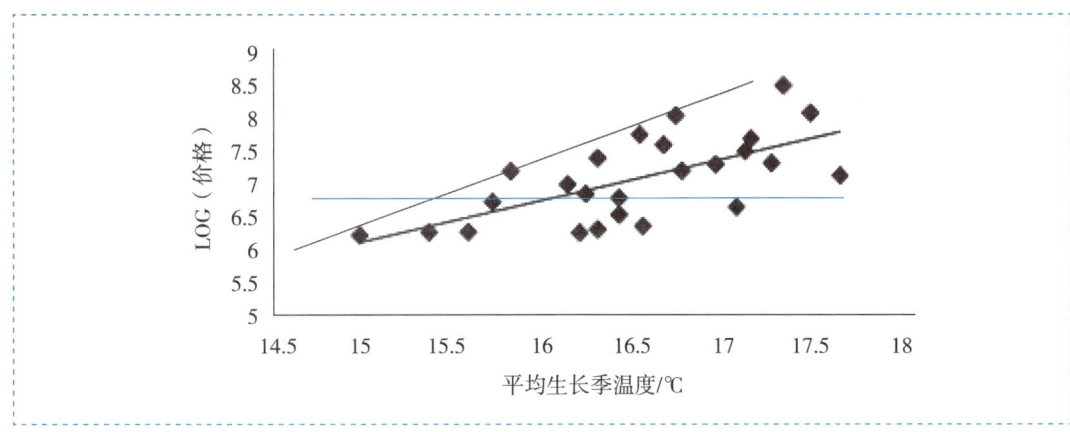

图 5-2　最优回归线的选择

令

$$(x_1, y_1), (x_2, y_2), \cdots, (x_n, y_n)$$

表示n组观测值，每组都包括X的一个观测值和Y的观测值。在本章葡萄酒定价的案例中，数据集包括n=25个不同年份的葡萄酒价格和生长季平均温度数据。我们的目标是在无数种β_0和β_1组合中，选择一组最优的估计值$\hat{\beta}_0$和$\hat{\beta}_1$，使得由此所产生的直线$\hat{Y} = \hat{\beta}_0 + \hat{\beta}_1 X$尽可能地接近这n=25个数据点。测量回归线与数据点的接近程度的方法有很多，其中最常见的就是最小二乘法。

① 残差平方和

根据X的第i个值，用$\hat{y}_i = \hat{\beta}_0 + \hat{\beta}_1 x_i$估计$y_i$。$e_i = y_i - \hat{y}_i$第i点与回归线的垂直距离，如图5-3所示。定义残差平方和（residual sum of squares, RSS）为：

$$\text{RSS} = e_1^2 + e_2^2 + \cdots + e_n^2 \tag{5-2}$$

或展开式（5-2）为：

$$\text{RSS} = (y_1 - \hat{\beta}_0 - \hat{\beta}_1 x_1)^2 + (y_2 - \hat{\beta}_0 - \hat{\beta}_1 x_2)^2 + \cdots + (y_i - \hat{\beta}_0 - \hat{\beta}_1 x_i)^2 \tag{5-3}$$

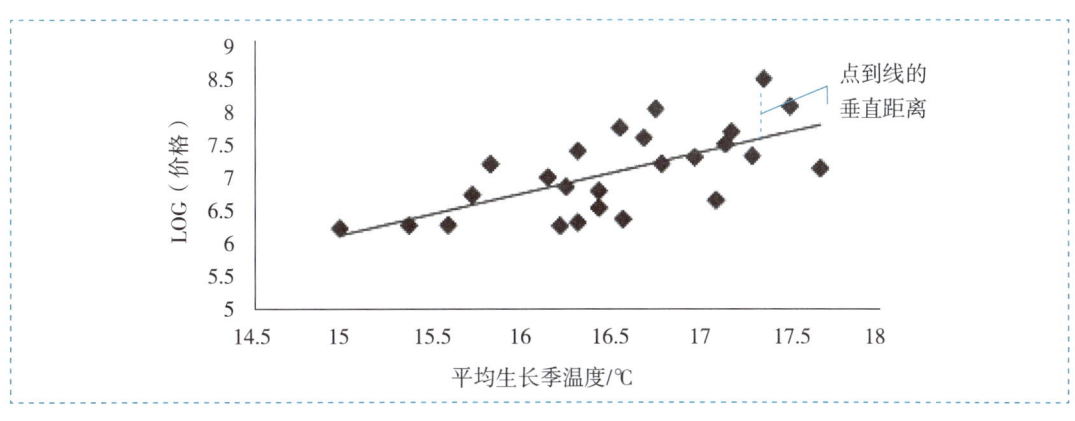

图 5-3　数据点到回归线的垂直距离

② 系数估计

使用最小二乘法选择 $\hat{\beta}_0$ 和 $\hat{\beta}_1$，使得 RSS 达到最小。通过微积分运算可知，使 RSS 最小的参数估计值为：

$$\hat{\beta}_1 = \frac{\sum_{i=1}^{n}(x_i - \bar{x})(y_i - \bar{y})}{\sum_{i=1}^{n}(x_i - \bar{x})^2} \tag{5-4}$$

$$\hat{\beta}_0 = \bar{y} - \hat{\beta}_1 \bar{x} \tag{5-5}$$

上式中，$\bar{y} = \frac{1}{n}\sum_{i=1}^{n} y_i$ 和 $\bar{x} = \frac{1}{n}\sum_{i=1}^{n} x_i$ 是样本均值。如图5-4所示，最小二乘法估计的回归方程为

$$y = -3.4178 + 0.6351x \tag{5-6}$$

斜率 $\hat{\beta}_1 = 0.6351$，截距 $\hat{\beta}_0 = -3.4178$。根据回归方程，我们只需把当年葡萄生长季平均温度值 x 代入方程（5-6），即可计算得出第二年葡萄酒的预测销售价格（对数值）。

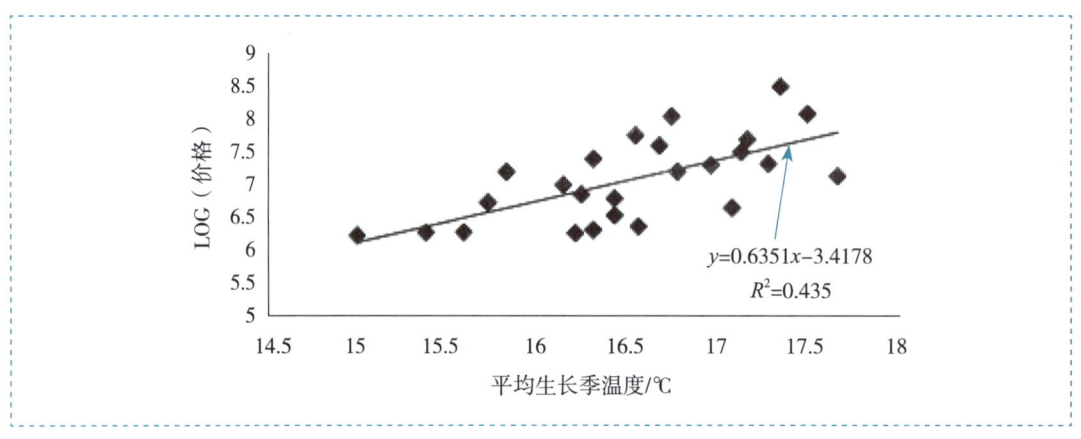

图 5-4　回归方程

（2）多元线性回归模型

商务数据分析的业务问题中，一个变量往往受到一个或多个变量的影响。上例中，葡萄酒的价格除了受到平均温度，还受到当年的光照、雨水、温度等各种因素的影响。表现在线性回归模型中的自变量 x 会有多个，这样的模型称为多元线性回归模型。一元线性回归模型，则只有一个自变量，为多元线性回归模型的特例。

设因变量 Y 与多个自变量 X 之间的关系是线性的，其回归方程的一般形式为：

$$y_i = \beta_0 + \beta_1 x_{1i} + \beta_2 x_{2i} + \cdots + \beta_k x_{ki} + e_i \tag{5-7}$$

式中　k 为自变量的个数；

$\beta_j (j=1,2,\cdots,k)$ 为回归系数；

β_0 为常数项；

e_i 为残差。

$$\begin{cases} y_1 = \beta_0 + \beta_1 x_{11} + \beta_2 x_{12} + \cdots + \beta_k x_{1k} + e_1 \\ y_2 = \beta_0 + \beta_1 x_{21} + \beta_2 x_{22} + \cdots + \beta_k x_{2k} + e_2 \\ \vdots \\ y_n = \beta_0 + \beta_1 x_{n1} + \beta_2 x_{n2} + \cdots + \beta_k x_{nk} + e_n \end{cases} \quad (5-8)$$

相比一元线性回归，多元线性回归的系数估计较为复杂，将其写成矩阵形式：

$$Y = X\beta + \mu \quad (5-9)$$

其中，$Y = \begin{bmatrix} y_1 \\ y_2 \\ \vdots \\ y_n \end{bmatrix}_{n \times 1}$，$X = \begin{bmatrix} 1 & x_{11} & x_{12} & \cdots & x_{1k} \\ 1 & x_{21} & x_{22} & \cdots & x_{2k} \\ & & \vdots & & \\ 1 & x_{n1} & x_{n2} & \cdots & x_{nk} \end{bmatrix}_{n \times (k+1)}$，$\beta = \begin{bmatrix} \beta_0 \\ \beta_1 \\ \beta_2 \\ \vdots \\ \beta_k \end{bmatrix}_{(k+1) \times 1}$，$\mu = \begin{bmatrix} e_1 \\ e_2 \\ \vdots \\ e_n \end{bmatrix}_{n \times 1}$

根据最小二乘法原理，求解 β 的估计值为：$\hat{\beta} = (X'X)^{-1}X'Y$，得到回归方程：

$$\hat{Y} = \hat{\beta}_0 + \hat{\beta}_1 X_1 + \hat{\beta}_2 X_2 + \cdots + \hat{\beta}_k X_k \quad (5-10)$$

为了更好理解，图5-5为 $k=2$ 的例子，有两个自变量和一个因变量构成一个三维空间。最小二乘法最优估计结果由回归直线变成了一个平面，这个平面使得每个数据点离平面之间的垂直距离的平方和最小。

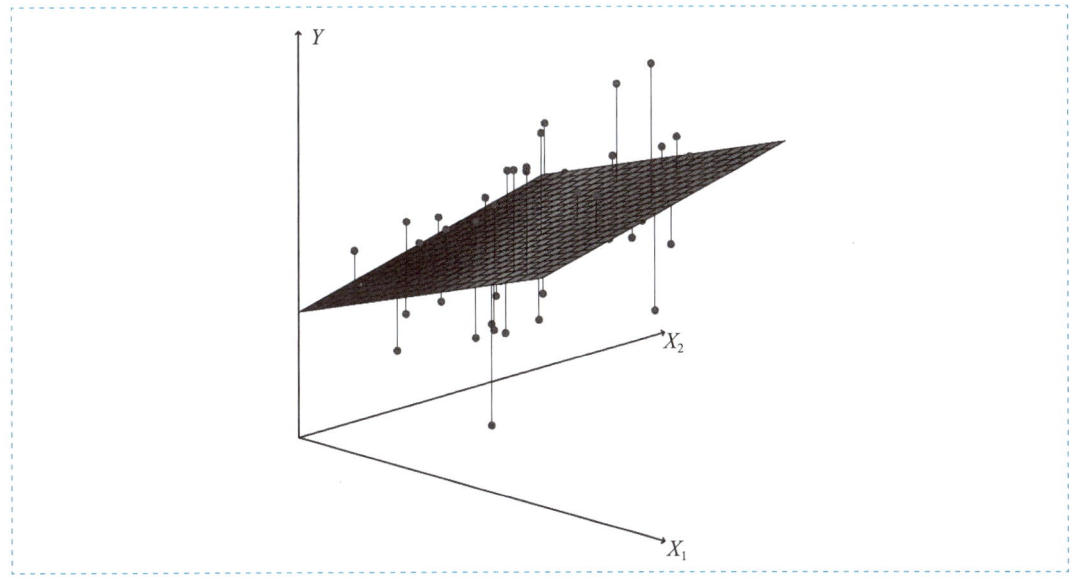

图5-5 多元回归分析的系数估计

资料来源：James G, Witten D, Hastie T, et al. An Introduction to Statistical Learning with Applications in R ［M］. New York: Springer, 2013: 73.

（3）回归模型拟合优度检验

线性回归模型的参数估计出来后，还需进一步对该样本回归函数进行检验，以判断估计的可靠性，回归方程拟合效果验证以及变量的显著性检验等。

① 可决系数R^2

拟合优度检验是检验模型对样本观测值的拟合程度，可用可决系数R^2（R-squared）来衡量。可决系数R^2代表回归模型能够解释因变量的变异程度，计算公式为：

$$R^2 = \frac{\sum(\hat{Y}_i - \bar{Y})^2}{\sum(Y_i - \bar{Y})^2} \quad (5-11)$$

其中$\bar{Y}$为自变量Y的平均值，$\hat{Y}_i$为回归方程计算出来的Y的条件期望值，R^2取值在0~1，R^2的值越接近1，代表回归方程对样本观测值的拟合程度越高，反之亦然。

② 调整的R^2

一般情况下，模型引入的自变量个数越多，R^2值越高，如表5-2所示。调整的R^2含义（Adjusted R-squared）跟R^2非常类似，但考虑了模型的复杂程度，调整的R^2通常比R^2要小。而且随着自变量个数增多，调整的R^2却不一定越大，所以在模型引入人口变量之后，调整的R^2不升反降。在应用中，人们需要在模型简洁程度与拟合优度之间做好平衡。

表 5-2 R^2 与调整的 R^2

变量	R^2	调整的 R^2
平均生长期温度（AGST）	0.44	0.41
AGST，丰收期雨量	0.71	0.68
AGST，丰收期雨量，年份	0.79	0.76
AGST，丰收期雨量，年份，冬季雨量	0.83	0.79
AGST，丰收期雨量，年份，冬季雨量，人口	0.83	0.78

需要注意的是高度拟合样本的模型并不一定是好的应用模型。模型高度拟合了样本数据，就往往意味着模型有较差的外推能力，可能存在"过度拟合"的问题。在应用中不必对R^2过分苛求，重要的是考察模型的经济关系是否合理，特别是$\hat{\beta}_j$的正负号是否符合逻辑规律。

（4）变量的显著性t检验

R^2值较高并不意味着方程内每一个自变量都对因变量有意义，如果某个自变量对因变量影响很小时，应该删除该自变量，让回归方程更简洁，因此需要对每一个自变量的系数进行显著性检验。

应用中常用$\hat{\beta}_j$系数的P值来检验该自变量对因变量是否有显著的影响（即$\hat{\beta}_j$系数是否显著地拒绝0假设）。P值是用来判定假设检验结果的一个参数，在绝大多数统计软件中，都会在回归分析的结果中输出P值。如果P值足够小（比如小于0.1），说明模型设置的自变量X对因变量有显著影响，可以考虑保留该自变量。估计系数的正负号代表该自变量对因变量正向或反向的影响。

（5）相关系数与变量选择

相关系数是研究变量之间相关程度的量。依据相关现象之间的不同特征，其统计指标的名称有所不同，较为常用的是皮尔逊相关系数（简称相关系数），其公式为：

$$r(X,Y) = \frac{\text{cov}(X,Y)}{\sqrt{\text{Var}[X]\text{Var}[Y]}} \quad (5\text{-}12)$$

相关系数r取值在-1到1之间。如果r=1(-1)说明X与Y之间存在完全正（负）线性相关关系，如果r=0说明X与Y之间不存在线性相关关系。r取值越接近于±1，说明线性相关关系越强，如图5-6所示。

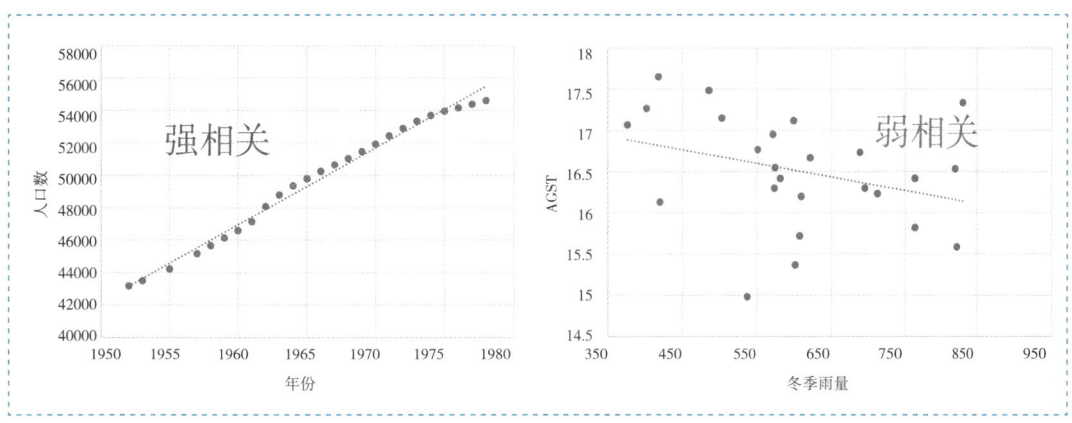

图5-6 强相关与弱相关

（6）预测

葡萄酒新酒生产出来后，通常会窖藏数年，待口味变得更佳后再出售。建立线性回归模型，最终目的是要预测未来葡萄酒的价格。如果葡萄酒商人能提前预测葡萄酒陈酒的价格，便可因此而获利。因此，如何判断模型的预测能力呢？

在建模的当下，我们不能获取未来的数据，所以通常情况下，会将已有的数据集分成两部分：一部分为训练数据集，用于建立模型；另一部分为测试数据集，用于检验模型的预测能力。通过计算测试集的R^2来评估模型的预测能力，其计算公式如下：

$$\text{测试集的}R^2 = 1 - \frac{\sum(Y_{\text{test}\_i} - \hat{Y}_i)^2}{\sum(Y_{\text{test}\_i} - \overline{Y}_{\text{train}})^2} \quad (5\text{-}13)$$

其中，Y_{test_i} 为测试集的 Y 值，$\hat{Y}_i$ 为训练集拟合模型的预测值，$\bar{Y}_{train}$ 为训练集 Y 的均值。表5-3罗列了4个模型的 R^2 和测试集 R^2 的结果。可以看出，模型 R^2 随着自变量个数增加而提高，但测试集 R^2 却不会。综合来看，模型4的表现最好，当然实际上我们需要更多的测试集数据才能给出肯定的结论。另外我们注意到测试集 R^2 是有可能为负数的。这是由于式（5-13）中分式的值有可能大于1，所以导致了测试集的 R^2 为负数。

表 5-3 测试集的 R^2

模型	变量	R^2	测试集 R^2
1	平均生长期温度（AGST）	0.44	0.79
2	AGST，丰收期雨量	0.71	−0.08
3	AGST，丰收期雨量，年份，冬季雨量	0.83	0.79
4	AGST，丰收期雨量，年份，冬季雨量，人口	0.83	0.76

5.3 线性回归在R语言中的示范操作：波尔多葡萄酒价格预测

在R语言中，线性回归模型的建立只需要一个lm( )函数即可完成。我们以表5-4来说明。

表 5-4 葡萄酒案例数据说明

变量名	变量性质	单位	详细说明
葡萄酒价格（对数值）	连续变量		对葡萄酒价格取对数
采收季雨量	连续变量	毫米	由于每年的气候都有所不同，葡萄的成熟时间也就不同，一般为8~10月
年份	连续变量		1952—1978年
冬季雨量	连续变量	毫米	
人口	分类变量	无	法国人口数量

案例数据的训练集为wine.csv，测试集为wine_test.csv，参考代码为wine.R。

5.3.1 建立初步的线性回归模型

建立初步的线性回归模型,具体步骤与代码说明如下:
第一步,设置工作目录。

```
setwd(E:/data) #提前将数据集wine.csv、wine_test.csv和代码文件wine.R放进工作目录里,以便后续使用
```

第二步,读取数据。

```
wine = read.csv("wine.csv")
```

第三步,建立模型。

```
model1 = lm(Price ~ AGST + HarvestRain + WinterRain + Age + FrancePop, data= wine)。
```

Lm( )函数的第一个参数设置模型的具体形式,即指定因变量和自变量,因变量和自变量的连接用"~"符号,自变量与自变量的连接使用"+"符号。第二个参数是指定回归使用的数据集"wine"。

第四步,输出模型结果。

```
summary(model1)
#输出的模型结果如图5-7所示,"Estimate"列为系数估计值,"Pr(>|t|)"为系数的P值,"Multiple R-squared"为模型的$R^2$值
```

输出的结果：
Call:
lm（formula = Price ~ AGST + HarvestRain + WinterRain + Age + FrancePop, data = wine）

Residuals:
```
    Min       1Q   Median       3Q      Max
-0.48179 -0.24662 -0.00726  0.22012  0.51987
```

Coefficients:

	Estimate	Std. Error	t value	Pr（>|t|）
（Intercept）	-4.504e-01	1.019e+01	-0.044	0.965202
AGST	6.012e-01	1.030e-01	5.836	1.27e-05 ***
HarvestRain	-3.958e-03	8.751e-04	-4.523	0.000233 ***
WinterRain	1.043e-03	5.310e-04	1.963	0.064416 .
Age	5.847e-04	7.900e-02	0.007	0.994172
FrancePop	-4.953e-05	1.667e-04	-0.297	0.769578

Signif. codes: 0 '***' 0.001 '**' 0.01 '*' 0.05 '.' 0.1 ' ' 1

Residual standard error: 0.3019 on 19 degrees of freedom
Multiple R-squared: 0.8294, Adjusted R-squared: 0.7845
F-statistic: 18.47 on 5 and 19 DF, p-value: 1.044e-06

图 5-7　模型结果

5.3.2 解读回归结果

将R语言输出结果的主要信息整理为规范的数据表进行展示。如表5-5所示，除了截距项，年份和法国人口数量的P值均大于0.1，没有通过显著性检验。说明后续可能还需要进一步优化模型。R^2值为0.83，具体解读为自变量能够解释因变量（葡萄酒价格的对数值）变异的83%。

表 5-5　模型的回归结果解读

变量	系数估计值	P 值
截距（Intercept）	-0.45	0.41
平均生长期温度（AGST）	0.60	0.000***
采收季雨量	-0.004	0.000***
冬季雨量	0.001	0.06*

续表

变量	系数估计值	P 值
年份	0.000	0.99
法国人口	0.000	0.77
R^2		0.83

注:"***""**""*"分别表示在0.01、0.05以及0.1水平下显著。

5.3.3 检查自变量间的相关性

如果自变量之间存在强相关,会引起多重共线性问题而使模型估计失真或难以估计准确。在R语言中,通过cor( )函数能非常方便地计算变量的相关系数。比如检查wine数据集的变量相关性,可以使用代码:cor(wine),输出变量的相关系数矩阵,如图5-8所示。

```
> cor(wine)
                 Price    WinterRain         AGST   HarvestRain           Age     FrancePop
Price       1.0000000   0.136650547   0.65956286   -0.56332190   0.44776786   -0.466861641
WinterRain  0.1366505   1.000000000  -0.32109061   -0.27544085  -0.01697002   -0.001621627
AGST        0.6595629  -0.321090611   1.00000000   -0.06449593   0.24691585   -0.259162274
HarvestRain -0.5633219 -0.275440854  -0.06449593    1.00000000  -0.02800907    0.041264394
Age         0.4477679  -0.016970024   0.24691585   -0.02800907   1.00000000   -0.994485097
FrancePop  -0.4668616  -0.001621627  -0.25916227    0.04126439  -0.99448510    1.000000000
```

图 5-8 相关系数矩阵

图5-8显示年份与法国人口两个变量间存在很强的线性相关,相关系数接近于-1。如果两个变量存在较强的线性相关,通常需要删除其中一个变量,仅保留另一个变量在模型中。

5.3.4 优化模型变量

接下来,尝试删除法国人口变量,再次建立更简洁的线性回归模型。代码为:model2 = lm(Price ~ AGST + HarvestRain + WinterRain + Age, data=wine)。将表5-6与表5-5的回归进行对比,模型1(表5-5)由于同时引入了年份和法国人口两个高度相关的变量,所以系数估计值都不显著,结果表明酒龄和法国人口数量对葡萄酒价格没有显著的影响,这不太符合常理,因为通常情况下,葡萄酒的酒龄越大,窖藏时间越久,葡萄酒的价格越高。这时候应该有充分的理由,怀疑存在多重共线性问题了。所以在模型2中(表5-6),剔除了法国人口变量后,酒龄变量变得非常显著。应该注意到,模型2的R^2只有小幅下降,不到0.01。同时,我们还得到了一个更简洁和精练的模型。

表 5-6　model2 的回归结果解读

变量	系数估计值	P 值
截距（Intercept）	−3.43	0.06*
平均生长期温度（AGST）	0.61	0.000***
采收季雨量	−0.004	0.000***
冬季雨量	0.001	0.04**
酒龄	0.002	0.007***
R^2		0.8286

注："***""**""*"分别表示在0.01、0.05以及0.1水平下显著。

5.3.5　预测

本案例将1952—1978年间的数据集设为训练集，将1979和1980两年数据设为测试集。在前面的任务里使用训练集数据，建立了线性回归模型模型2，接下来需要使用测试集，评估模型的预测能力。

第一步，读取测试集数据。

```
wineTest = read.csv("wine_test.csv")。#将测试集数据命名为"wineTest"
```

第二步，进行预测。

```
predictTest = predict(model2, newdata=wineTest)  #predict( )函数可以输出模型预测结果，第一个参数为建立好的模型，第二个参数指定测试集数据
```

将预测结果保存到"predictTest"中并返回该结果，分别是6.77和6.68。预测价格跟真实的价格（6.95和6.49）比较接近。

第三步，计算样本外的R^2，评估预测效果。

```
SSE = sum((wineTest$Price − predictTest)^2)
SST = sum((wineTest$Price − mean(wine$Price))^2)
1 − SSE/SST
```

计算得出样本外的R^2为0.79，接近0.8，可见预测效果已经相当不错了。但是要意识

到，测试集使用的数据只有两条，数量是偏低的，如果情况允许的话，建议还可以增加测试集数据的数量，使得对评判结果能更加有信心。

5.4 典型案例实操：高端酒店价格预测

在市场竞争条件下如何评估产品价格是营销人员普遍面临的一个重大挑战。虽然市场上有不同的同类品牌价格可以参考，但是在大数据的环境下，管理者可以得到关于定价更多有价值的信息，特别是同类产品的特征信息以及消费评价等。

本案例研究北京高档星级酒店房价以及影响因素数据[1]，试图通过建立酒店房价预测模型，分析酒店房价的影响因素，给酒店定价提供参考，也可为消费者选择酒店提供信息。

使用的数据集文件名为："hotel.csv"，代码文件为"hotel.R"。案例数据集包括9个变量，如表5-7所示。

表5-7 变量一览表

变量类别	变量名	变量定义
因变量	酒店价格	550~9970，单位：元
自变量	酒店地区	4个水平：朝阳、东城、海淀、其他
	装修时间	2个水平：新装修、旧装修
	房间类型	3个水平：标准间、商务间、豪华套间
	评价数量	0~569
	评分	1~5分
	公司数量	酒店周边1公里范围内的公司数量
	住宿数量	酒店周边1公里范围内的酒店宾馆数量
	学校数量	酒店周边1公里范围内的学校数量

要求 完成案例数据分析，然后回答以下问题：

1. 下载并读取数据。设置工作目录，并将数据文件hotel.csv和代码文件hotel.R存放

---

[1] 资料来源：潘蕊. 数据思维实践[M]. 北京：北京大学出版社，2018：162~173.

进工作目录。输出数据集的描述统计结果，其中price变量的最小值为_____，最大值为_____。（答案请四舍五入，保留两位小数）

2. 使用验证法，将样本556个观测值分为7∶3两部分，其中70%数据作为训练集，30%数据作为测试集。利用训练集数据建立多元回归模型模型1，设置因变量为价格的对数［log（price）］，其余变量均为自变量。输出模型估计结果，其中自变量grade的系数估计值为_____，模型的R^2值为_____。（答案请四舍五入，保留两位小数）

3. 计算模型1的样本外R^2，其值为_____。（答案请四舍五入，保留两位小数）

4. 换一个seed，重新抽取训练集和测试集，再次拟合模型1。输出模型估计结果，模型的样本外R^2为_____。（答案请四舍五入，保留两位小数）

5. 尝试删除evaluate和company，构建更简洁的线性回归模型模型2。模型2的样本外R^2为_____。（答案请四舍五入，保留两位小数）

第6章
消费者行为预判

6.1 案例导入

我国电信运营商——移动、联通、电信三足鼎立，每个运营商都有各自的传统优势。客户可以根据自身需要，以及运营商提供的服务与价格，在三家运营商之间自由流转。根据工信部的统计数据，截至2021年5月我国移动电话用户高达16.08亿户，手机覆盖率高达113.9%，也就是说我国每个人平均拥有1.14部手机。说明目前国内电信市场其实已经处于一个饱和的状态，运营商要想有进一步的提升空间，难度很大。

运营商想要保持客户数量稳定乃至增长，一方面要发挥自身的优势吸引其他运营商的客户转户，另一方面也要注意控制流失客户的数量。为了提高顾客挽留业务的精准度，某运营商希望能够通过客户的各方面通信行为数据，来预判哪些客户更容易流失[1]。

> **思 考**
>
> 为了分析这样一个任务，我们需要准备多少信息呢？
> 1. 如何定义（界定）消费者是否流失呢？
> 消费者具备什么特征，或者发生了什么行为表明消费者已经流失。
> 2. 消费者的哪些行为特征跟流失行为相关？
> 消费者出现了哪些行为特征，表明消费者流失的可能性在加大？而且要找到对应的可量化的数据指标反映这些行为特征。这些指标需要数据分析师跟业务人员沟通整理得到。
> 3. 什么样的数据模型适合分析以上问题呢？

---

[1] 资料来源：朱雪宁. R语言从数据思维到数据实战 [M]. 北京：中国人民大学出版社，2018.

6.2 知识要点

6.2.1 消费者行为理论概述

RFM模型是衡量客户价值和客户创造利益能力的重要工具和手段。在众多消费者行为理论的分析模型中，RFM模型是被广泛提到的。该模型通过3项指标来描述消费者的行为特征，从而根据不同行为特征的消费者，制定更有针对性的营销策略，分别是最近一次消费（Recency）；消费频率（Frequency）；消费金额（Monetary）。

（1）最近一次消费

也称为"近度"，指消费者上一次发生消费行为是什么时候。

营销理论认为，上一次消费时间越近的消费者应该是越具有价值的消费者，对推送的商品或服务也最有可能有反应。因此买过公司商品、服务，或者曾经光顾商店的消费者，是最有可能再次发生购买行为的消费者。另外，要吸引一个1个月前才上门的消费者，比吸引一个一年以前来过的消费者要容易得多。"最近一次消费"背后的营销哲学是想要跟消费者建立长期的关系，需要与消费者持续保持往来，并赢得他们的忠诚度。如果数据显示上一次购买很近的消费者，（消费为1个月）人数如增加，则表示该公司是个稳健成长的公司；反之，如上一次消费的时间越来越长，则是该消费者流失前的征兆。需要采取一定策略吸引并重新激活该类消费者。

当然消费的过程是持续变动的。在消费者距上一次购买时间满一个月之后，在数据库里就成为消费为两个月的消费者。反之，一位消费为3个月前的消费者在当天再一次发生购买，便成为消费为一天前的消费者，训练有素的营销人员也应该尽快给该消费者发送新的折价信息。

（2）消费频率

也称为"频度"，消费频率是消费者在有限时间内所购买的次数。营销理论认为最常购买的消费者，也是满意度最高的消费者。从品牌忠诚度来看，消费频率越高的客户，忠诚度也越高。增加消费者购买的次数意味着从竞争对手处赢得市场占有率，从别人的手中赚取营业额。

根据这个指标，在营销实践中通常将消费者分成五个等级，称为"忠诚度的阶梯"（loyalty ladder），如购买一次的消费者为新客户，购买两次的消费者为潜力客户，购买三次的消费者为老客户，购买四次的消费者为成熟客户，购买五次及以上的则为忠实客户。"消费频率"的营销哲学在于让客户一直顺着阶梯往上升，把销售想象成是要将两次购买的客户往上推成三次购买的客户，把一次购买者变成两次。因此，如果消费者购买频率越来越低，说明该消费者不够活跃，流失的概率在加大，需要通过定向的优惠吸引其注意。

该指标比较特殊，影响消费频率的核心因素是商品，该指标不适合做跨类目比较。比如食品类目和汽车类目：食品属于"半标品"，产品的标品化程度越高，消费者流失的难度就越小，越难形成忠实用户；另外相对于汽车类目，食品又属于易耗品，消耗周期短，购买频率高，相对容易产生重复购买，因此跨类目消费频率并不具有可比性。

（3）消费金额

也称为"值度"，消费金额指消费者在某段时间内（比如1年）的购物金额，这也是为公司带来价值的最直接体现，通常指的是一段时间内的消费金额。经济学上的"帕累托法则"（Pareto's Law）二八定律表明，20%的消费者能给公司带来80%的收入。"消费金额"的营销哲学是消费金额高的消费者在总体中人数较少，却能创造出更多价值，是需要重点争取的对象，公司需要针对这部分消费者进行差异化的营销。

（4）RFM模型的应用

以以上三个指标为维度，可以将客户群体进行细分，从而制定有针对性的营销策略。以下分类的编号次序RFM，2代表高，1代表低。

重要价值客户（222）：最近消费时间近、消费频次和消费金额都很高，是重要客户。

重要保持客户（122）：最近消费时间较远，但消费频次和金额都很高，说明这是个一段时间没来的忠诚客户，需要主动与其保持联系。

重要发展客户（212）：最近消费时间较近、消费金额高，但频次不高，忠诚度不高，是很有潜力的客户，可以重点发展。

重要挽留客户（112）：最近消费时间较远、消费频次不高，但消费金额高的用户，可能是将要流失或者已经要流失的客户，应当给予挽留措施。

通过RFM三个变量，可以刻画消费者行为的主要特征。此外，在实践中人们发现消费金额的稳定性也很重要。考虑A和B两位消费者在某个时间段内的销售金额和频次都相同，区别在于A消费者的消费金额忽高忽低，B消费者的消费金额相对稳定。显然消费者A和B代表的是两种不同的消费行为模式。因此可以将RFM模型升级为RFMS模型，其中S（standard deviation）指标是指某段时间内消费金额的标准差。

6.2.2 消费者行为预判模型——逻辑回归模型

（1）离散的消费者行为变量

消费者行为预判模型关心的业务核心变量，通常是一个离散型变量。下面举几个例子：

①某移动通信公司基于客户的通话时长、当月话费、通话人数等信息判断该客户是否会流失，从而提前对流失可能性较大的客户进行挽留。

②某银行根据客户是否有房产、收入水平、工作性质以及年龄等一系列信息预判该客

户是否具备还款能力。

③某证券公司基于客户的背景、交易频率、投资品种等信息，预判客户的风险偏好，归类为"保守型""进取型"两类。

（2）逻辑回归模型原理

上述业务问题的选项要用离散的数据去编码，比如客户是否会购买，分别用1和0表示，1表示购买，0表示不购买。对于这种0-1变量的业务决策或分析问题，Logistic回归模型（Logistic Regression Model）是一种不错的选择。

考虑某通信公司的用户流失问题，业务核心问题（因变量Y）只取两个值，1（流失）和0（不流失）。Logistic回归模型不直接对Y的取值建模，而是对Y分类的概率建模。

比如移动通信用户是否流失跟用户的通话时长有较强联系，如果一个用户月通话时长越短，那么该用户流失的可能性就越大，反之亦然。给定用户通话时长X，我们将用户的流失概率记为：

$$P(X)=Pr(Y=1|X) \tag{6-1}$$

$P(X)$为给定X的条件下$Y=1$的概率。可见，当X较小的情况下，$P(X)$接近于1；当X较大时，$P(X)$接近于0，而且$P(X)$的取值范围必须是0和1之间。那么有什么模型适合描述$P(X)$与X这样的关系呢？人们最常用的是Logistic模型：

$$\frac{p(X)}{1-p(X)}=e^{\beta_0+\beta_1 X} \tag{6-2}$$

为了更好地理解Logistic模型原理，图6-1展示了流失的概率"$P(X)$"与线性组合"$\beta_0+\beta_1 X$"的函数关系。图6-1中可见流失概率"$P(X)$"的取值范围是0~1，符合客观规律，而且其与线性组合"$\beta_0+\beta_1 X$"的值呈现正向关系，即当"$\beta_0+\beta_1 X$"的值增加时，概率"$P(X)$"

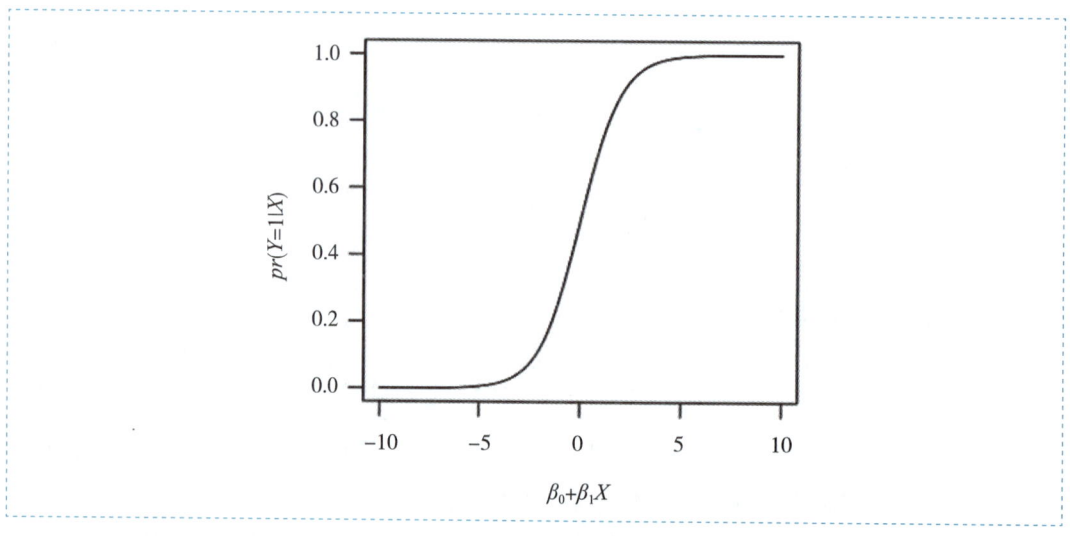

图6-1 逻辑函数图

也增加，反之亦然。$\frac{p(X)}{1-p(X)}$的值称为发生比（odds），取值范围为0到∞，其值大于1时表示流失（$y=1$）的概率更大，其值小于1时表示不流失（$y=0$）的概率更大。

对式（6-2）两边取对数，得到：

$$\log\left[\frac{p(X)}{1-p(X)}\right]=\beta_0+\beta_1 X \quad (6-3)$$

等式左边称为对数发生比，于是Logistic模型右边转换为关于自变量X的一个线性组合。式（6-3）为只有一个自变量X的情况，如果有多个自变量可以写成下面的形式：

$$\log\left[\frac{p(X)}{1-p(X)}\right]=\beta_0+\beta_1 X_1+\beta_2 X_2+\cdots+\beta_k X_k \quad (6-4)$$

（3）逻辑回归的参数估计及解读

式（6-3）中的系数β_0和β_1是未知的，必须通过样本数据估计这些参数。一般采用极大似然法估计参数，其基本思路是：寻找一个β_0和β_1的估计，使得由式（6-3）得到的每个样本的$P(X)$与观测情况尽量相符，换句话说，求出的$\hat{\beta}_0$和$\hat{\beta}_1$估计，代入式（6-3），使得$P(X)$值与观测值（0或1）尽量接近。式（6-4）有多个自变量的情况也同理可得。详细的逻辑回归参数估计见附录。

6.2.3 模型预测与评价

逻辑回归的因变量是二分类变量，因此无法像线性回归一样，通过残差分布以及R^2来对模型进行评价。而是通过预测，将预测的结果和真实的结果进行对比，进而判断逻辑回归模型的预测准确率。如果模型较好，那么预测结果跟真实结果重合程度高，反之亦然。这是逻辑回归模型评价的基本思路。

（1）混淆矩阵

为了对模型进行评价，通常会将样本数据集一分为二，比如在总样本中随机抽取样本容量的70%作为训练集，其余的30%作为测试集。使用训练集数据拟合模型，并对测试集数据进行预测。一个常用的指标为准确率（accuracy），也称为"正确预测的百分比（percent correctly predicted）"。只要将预测值$\hat{y}_i$与实际值y_i进行比较，即可计算正确预测的百分比：

$$准确率=\frac{正确预测的样例数}{测试集的样本容量} \quad (6-5)$$

有些案例会更关注预测错误率（error rate），显然准确率与错误率和为1：

$$\text{错误率} = \frac{\text{错误预测的样例数}}{\text{测试集的样本容量}} \quad (6-6)$$

然而准确率与错误率并不适用于"类别不平衡"（class imbalance）的数据。假设某家商业银行网点在一天内出现大额提现事件的概率仅为1%。此时，样本中两个类别高度不平衡，即出现大额提现（1%）和不出现大额提现（99%）。即使不使用模型预测，只要一直预测"不出现大额提现"，也能达到99%的准确率（或者1%的错误率）。但这显然对于银行来说没有意义，因为银行更希望能够准确地预测哪天可能会出现大额提现，并提前做好准备，防止银行出现现金紧缺的情况。

为此，根据模型预测的正例（出现）与反例（不出现），以及实际观测值的正例与反例，可将测试集数据分为四类，并用一个矩阵来表示，称为"混淆矩阵"（confusion matrix），如表6-1所示。

表 6-1 分类结果的混淆矩阵

		实际观测值	
		正例（Positives）	反例（Negatives）
预测值	正例（Positives）	真阳性 （True Positive, TP） （$\hat{y}=1, y=1$）	假阳性 （False Positive, FP） （$\hat{y}=1, y=0$）
	反例（Negatives）	假阴性 （False Negative, FN） （$\hat{y}=0, y=1$）	真阴性 （True Negative, TN） （$\hat{y}=0, y=0$）

混淆矩阵的左上角为"真阳性"（true positive，缩写为TP），即预测值为正例（$\hat{y}=1$），而实际观测值也是正例（$y=1$）。右下角为"真阴性"（true negative，缩写为TN），即预测值为反例（$\hat{y}=0$），而实际观测值也是反例（$y=0$）。式（6-5）的准确率等于（TP+TN）/N，其中N为样本容量。

混淆矩阵的左下角为"假阴性"（false negative，缩写为FN），即预测值为反例（$\hat{y}=0$），而实际观测值是正例（$y=1$）；右上角为"假阳性"（false positive，缩写为FP），即预测值为正例（$\hat{y}=1$），而实际观测值是反例（$y=0$）。同样式（6-6）的错误率等于（FN+FP）/N，其中N为样本容量。

根据混淆矩阵提供的信息，可以进一步设计出更详细的评价指标。比如从纵向角度考察，混淆矩阵第1列为实际观测值为正向的子样本，其中被正确预测的有TP个，错误预测的有FN个。因此定义在实际为正例的子样本中，正确预测的比例为灵敏度（sensitivity）或者真阳率（true positive rate），其计算公式为：

$$灵敏度=真阳率=\frac{TP}{TP+FN} \tag{6-7}$$

类似地，考察混淆矩阵第2列，在实际为反例的子样本中，定义其预测正确的比例为特异度（specificity），也称为真阴率（true negative rate）：

$$特异度=真阴率=\frac{TN}{FP+TN} \tag{6-8}$$

可知"1-特异度"则为在实际为反例的子样本中，错误预测的比例，也称为假阳率（false positive rate）：

$$1-特异度=假阳率=\frac{FP}{FP+TN} \tag{6-9}$$

（2）ROC与AUC

逻辑回归模型的预测结果是$p(X)$，即给定X的情况下，出现正例的概率。而通常二分类模型的应用场景，需要直接给出0-1的预测结果，因此还需要设置一个阈值（threshold），或者也叫"门槛值"，来将概率$p(X)$转换为0-1二分类预测值。默认情况下阈值为0.5，即当$p(X)$大于0.5时，预测为正例（$y=1$）；当$p(X)$小于0.5时，预测为反例（$y=0$）。可是从具体实践来看，0.5未必是最好的选择，因为在具体的业务场景中，犯两类预测错误（即混淆矩阵中的FP和FN）所导致的损失可能差别很大。

比如考虑商业银行预测贷款客户是否会违约。犯FP类型错误，即预测客户"会违约"，但是实际上客户"不会违约"，那么银行会拒绝了一位"好"客户的贷款申请而损失了对应的利息收入；而如果犯了FN类错误，预测客户"不会违约"，但实际上客户"会违约"，则银行会因为发放贷款给"坏"客户而损失贷款的本金和利息。显然这两类错误的犯错成本相差很大。因此银行的风控部门应该适当地降低犯FN类错误的可能性，具体的做法是降低阈值。比如从0.5降低为0.2，意味着客户违约的概率只要高于0.2，就预测该客户"会违约"（$\hat{y}=1$），结果是让更多客户被预测为"会违约"（$\hat{y}=1$），相应地减少预测为"不会违约"（$\hat{y}=0$）的数量。此时，在实际为"会违约"（$y=1$）的子样本中，预测准确率会提高，即灵敏度上升；而实际为"不会违约"（$y=0$）的子样本中，预测准确度会下降，故"1-特异度"上升。

从以上分析可知，应根据具体的业务评估犯两类错误的成本，考虑使用合适的阈值。选取不同的阈值，能够得到不同的灵敏度和"1-特异度"。可见灵敏度和"1-特异度"均为阈值c的函数，可记为"sensitivity(c)"与"1-specificity(c)"。如果将"1-specificity(c)"放于坐标横轴，将"sensitivity(c)"放于坐标纵轴，然后令阈值c取值从0连续变化为1，则可以得到一条ROC曲线,其全称为"接收器工作特征曲线(receiver operating characteristic curve)",如图6-2所示。

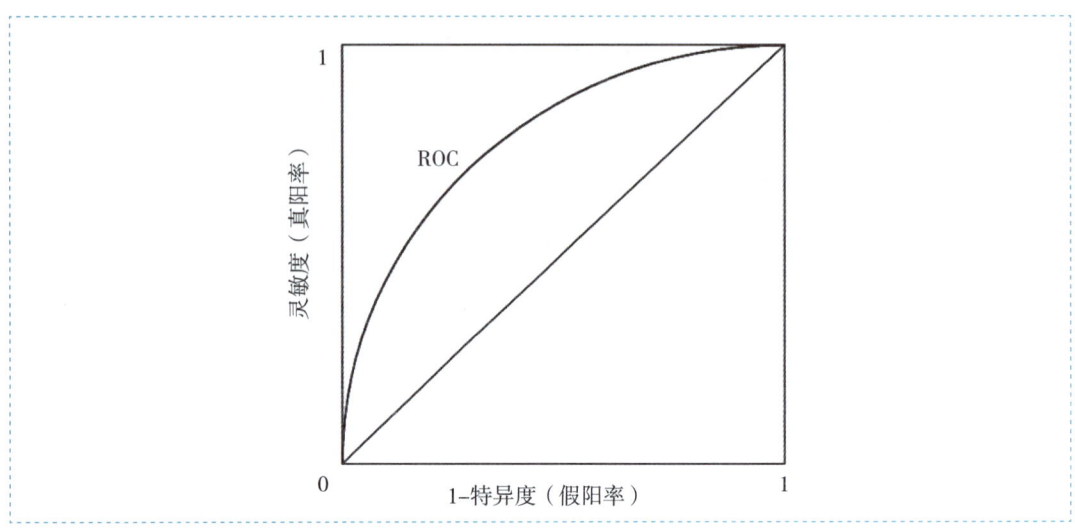

图6-2 ROC曲线

由图6-2可见,纵轴为实际正例中的准确率,该指标越高越好;横轴为实际反例中的错误率(1-特异度),该指标越低越好,因此ROC曲线越向左上角突出越好。为了衡量ROC曲线向左上角突出的程度,可使用ROC曲线下的面积(area under curve,缩写为AUC)来度量,如图6-3所示。

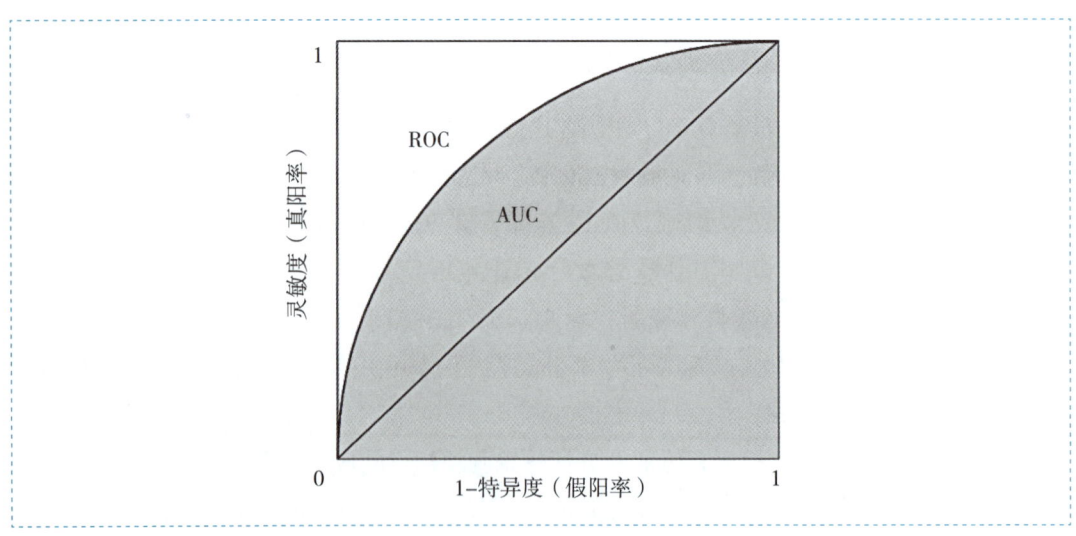

图6-3 AUC面积

图6-3中位于ROC曲线下方阴影的面积为AUC值，该值一般介于0.5~1，如果AUC值等于1，意味着模型对正反例全部预测正确，这在正常情况下是无法达到的理想状态。如果ROC曲线与45度线重合（图中的对角线），则意味着模型预测的结果跟随机预测一样，比如按照1∶1或者1∶2的概率随机预测正反例。如果ROC曲线比对角线还低，说明模型的预测效果还不如随机预测。

6.3　R语言示范操作：电信转户行为预判

将电信转户行为预判业务转化为量化分析的指标，定义因变量，并挖掘可能对其有影响的自变量。具体的模型变量如表6-2所示，其中因变量为0-1二分类变量，"1"代表流失，"0"代表不流失。自变量（X_i）有多个，将RFMS模型应用于指标的挖掘和提取。可以发现"在网时长""当月话费"属于（M）指标，"通话人数""人均通话时长"属于（F）指标，"通话时长的熵""通话人数变化率""话费变化率"属于（S）指标。

表6-2　模型变量介绍

	变量名	变量性质	单位	详细说明
因变量（Y）	是否流失（churn）	0-1变量	无	1=流失；0=不流失
自变量（X_i）	在网时长（tenure）	连续变量	天	用户在线的天数
	当月话费（expense）	连续变量	元	当月的总花费
	通话人数（count）	连续变量	人数	通话联系人的数量
	人均通话时长（perperson）	连续变量	分钟/人	用户通话的所有人的平均通话分钟数
	通话时长的熵（entropy）	连续变量	无	用户通话的所有人中平均每人通话分钟数的分布情况
	通话人数变化率（chgexpense）	连续变量	%	（当月通话人数－上月通话人数）/上月通话人数
	话费变化率（chgcount）	连续变量	%	（当月花费－上月花费）/上月花费

本案使用的数据集为"churn.csv"，操作R语言代码见"churn_predict.R"文件。

6.3.1　导入数据

操作代码如下：

```
library("readr")
churn<- read_csv("E:/data/churn.csv")
```

```
data<-churn[,-1]
str(data)
```

使用readr中的read_csv( )函数导入数据，需要先安装并导入readr包。由于数据集第一列是客户的ID号，该列数据在建模中不需使用，因此可以事先删除该列。代码"data<-churn[,-1]"，作用是删除churn数据集的第一列，并将新的数据集保存至data对象。代码"str（data）"是返回data数据集的基本信息。返回结果如图6-4所示。

```
> str(data)
tibble [46,854 x 8] (S3: tbl_df/tbl/data.frame)
 $ tenure   : num [1:46854] 3608 3596 3604 2252 2155 ...
 $ expense  : num [1:46854] 100.4 50.5 29.5 97.3 228.8 ...
 $ COUNT    : num [1:46854] 48 38 85 97 82 144 130 52 108 44 ...
 $ perperson: num [1:46854] 6.84 8.48 4.54 7.13 11.65 ...
 $ entropy  : num [1:46854] 2.93 2.08 3.7 2.77 3.1 ...
 $ chgexpense: num [1:46854] -0.00338 -0.13221 -0.82944 0.02562 0.04461 ...
 $ chgcount : num [1:46854] -0.213 -0.321 -0.274 0.26 0.038 ...
 $ churn    : num [1:46854] 0 0 0 0 0 0 0 0 0 0 ...
```

图 6-4　返回 data 数据集

6.3.2　分割样本为训练集和测试集

将data数据集按照7∶3比例分割为两个部分，其中70%数据（总数46854条数据的70%为32797条）作为训练集，用于建立逻辑回归模型；其余30%数据作为测试集，用于评估模型的预测能力。

操作R语言代码如下：

```
set.seed(1)
```

```
train_index<-sample(46854,32797)
train<-data[train_index,]
test<-data[-train_index,]
```

第一行代码"set.seed(1)"用于设定随机数种子。这个函数的主要目的是让产生的随机数固定下来。因为下面一句代码"train_index<-sample（46854,32797）"，是从1～46854的整数中随机不放回地抽取32797个数，这段代码再跑一次的时候，随机抽样的结果就不一样了，如果需要重复出现同样的模拟结果的话，就可以用set.seed( )。在调试程序或者做展示的时候，结果的可重复性是很重要的，所以随机数种子也就很有必要。第三行代码"train<-data[train_index,]"，提取data中"train_index"的行（包含了70%的行），并将新的数据集保存为train对象，用于后续的建模。第四行代码"test<-data[-train_index,]"，将剩余的30%条数据保存为test对象，用于评估模型。

6.3.3 建立逻辑回归模型

参考代码如下：

```
fit1<-glm(churn~.,family = binomial(link = logit),data = train)
summary(fit1)
```

逻辑回归使用glm函数，函数中的第一个参数"churn~."，代表逻辑回归模型的因变量为churn变量，其余变量全部是自变量；参数"family = binomial（link = logit）"，指定采用logit变换；第三个参数data设置建模的数据集为train数据集。代码"summary（fit1）"输出模型fit1的结果。如图6-5所示，图中左侧方框的内容是系数估计值（Estimate列），可见全部系数皆为负值，说明在控制其他因素保持不变的情况下，模型中的某一个自变量增加时，会降低流失概率（$Y=1$）。图中右侧方框为各系数的P值，可见大部分系数都非常显著，小于0.001，只有chgexpense变量系数不显著。后续优化模型时可以考虑将其删除。

```
Call:
glm(formula = churn ~ ., family = binomial(link = logit), data = train)

Deviance Residuals:
    Min       1Q   Median       3Q      Max
-0.8215  -0.1914  -0.1379  -0.0924   4.1008

Coefficients:
              Estimate  Std. Error  z value  Pr(>|z|)
(Intercept) -1.548e+00   2.211e-01   -6.999  2.58e-12 ***
tenure      -4.269e-04   7.386e-05   -5.780  7.46e-09 ***
expense     -2.517e-03   6.534e-04   -3.852  0.000117 ***
COUNT       -1.078e-02   2.671e-03   -4.037  5.42e-05 ***
perperson   -3.359e-02   7.228e-03   -4.646  3.38e-06 ***
entropy     -3.931e-01   8.978e-02   -4.378  1.20e-05 ***
chgexpense  -2.386e-03   1.137e-01   -0.021  0.983261
chgcount    -1.121e+00   1.552e-01   -7.222  5.12e-13 ***
---
Signif. codes:  0 '***' 0.001 '**' 0.01 '*' 0.05 '.' 0.1 ' ' 1

(Dispersion parameter for binomial family taken to be 1)

    Null deviance: 5100.6  on 32796  degrees of freedom
Residual deviance: 4605.8  on 32789  degrees of freedom
AIC: 4621.8

Number of Fisher Scoring iterations: 8
```

图 6-5　建立初步模型 fit1

6.3.4　优化模型

删除chgexpense变量，重新建立模型。

参考代码如下：

```
fit2<-glm(churn~.-chgexpense,family = binomial(link = logit),data = train)
summary(fit2)
```

代码 "-chgexpense" 可以起到删除该变量的作用。使用除了chgexpense之外的其他自变量建立优化的模型fit2。模型结果如图6-6所示，可见所有系数的P值均非常显著。

```
Call:
glm(formula = churn ~ . - chgexpense, family = binomial(link = logit),
    data = train)

Deviance Residuals:
    Min      1Q   Median      3Q     Max
-0.8215  -0.1914  -0.1379  -0.0924  4.1009

Coefficients:
              Estimate Std. Error z value Pr(>|z|)
(Intercept) -1.547e+00  2.209e-01  -7.004 2.49e-12 ***
tenure      -4.270e-04  7.369e-05  -5.795 6.84e-09 ***
expense     -2.519e-03  6.448e-04  -3.907 9.36e-05 ***
COUNT       -1.078e-02  2.671e-03  -4.038 5.40e-05 ***
perperson   -3.359e-02  7.228e-03  -4.646 3.38e-06 ***
entropy     -3.930e-01  8.974e-02  -4.380 1.19e-05 ***
chgcount    -1.121e+00  1.540e-01  -7.280 3.33e-13 ***
---
Signif. codes:  0 '***' 0.001 '**' 0.01 '*' 0.05 '.' 0.1 ' ' 1

(Dispersion parameter for binomial family taken to be 1)

    Null deviance: 5100.6  on 32796  degrees of freedom
Residual deviance: 4605.8  on 32790  degrees of freedom
AIC: 4619.8
```

图 6-6 优化模型 fit2

6.3.5 模型评价

（1）基于模型fit2，使用测试集数据进行预测

根据fit2模型提供的系数估计值，可以生成预测模型式（6-10）：

$$\log\left[\frac{p(x)}{1-p(x)}\right] = -1.547 - 0.000427 \times 在网时长 - 0.00252 \times 当月话费 - 0.0107 \times 通话人数$$
$$-0.0336 \times 人均通话时长 - 0.393 \times 通话时长的熵 - 1.121 \times 通话人数变化率 \quad (6-10)$$

将测试集对应自变量数据代入式（6-10），算出等式右边的值，假设为a，则流失的概率可以通过式（6-11）计算得出。

$$\hat{P} = e^a/(a+e^a) \quad (6-11)$$

以上计算可以通过R语言计算得到结果，参考代码如下：

```
prob_test <- predict(fit2,type="response",newdata=test)
```

采用predict( )函数，括号中第一个参数为预测模型，第二个参数type设置预测函数预测的类型，对于不同的模型预测需要设置不同的参数，逻辑回归模型预测二元分类变量，因此需要将type参数设置为"response"。"newdata"参数设置测试集数据。得到的预测结果保存在prob_test对象中。

（2）设置阈值

prob_test对象保存的数值是概率预测值，根据概率的阈值（门槛值）生成具体的流失或不流失的判断。操作代码如下：

```
pred_test <- prob_test > 0.1
```

代码"prob_test > 0.1"，作用是将prob_test中大于0.1的值定为"TRUE"（流失），小于等于0.1的值定为"FALSE"（不流失），即设置阈值为0.1，新生成的数值保存至pred_test对象中。

（3）生成混淆矩阵

将pred_test和test数据集中的churn两列数据进行交叉分析，得到混淆矩阵，参考代码如下：

```
table <- table(Predicted=pred_test,Actual=test$churn)
table
```

table( )函数统计因子各水平的出现次数，括号中输入了两个变量，则统计两个因子的交叉频数。输出的混淆矩阵如图6-7所示。

```
                 Actual
Predicted     0      1
    FALSE  13755   192
    TRUE      86    24
```

图6-7 混淆矩阵

混淆矩阵的左上角数据为13755，代表了实际值为0（不流失），预测值为FALSE（不流失）的数量，即真阴性（TN）；右下角数值为24，代表了实际值为1（流失），预测值为TRUE（流失）的数量，即真阳性（TP）；左下角数值为86，代表了实际值为0（不流失），预测值为TRUE（流失）的数量，即假阳性（FP）；右上角数值为192，代表了实际值为1（流失），预测值为FALSE（不流失）的数量，即假阴性（FN）。

（4）计算预测评价指标

利用混淆矩阵的信息，按照式（6-5）、式（6-6）、式（6-7）、式（6-8）分别计算模型预测的4个评价指标：准确率、错误率、灵敏度和特异度。具体的R代码如下：

```
(Accuracy <- (table[1,1]+table[2,2])/sum(table))
(Error_rate <- (table[2,1]+table[1,2])/sum(table))
(Sensitivity <- table[2,2]/(table[1,2]+table[2,2]))
(Specificity <- table[1,1]/(table[1,1]+table[2,1]))
```

计算的结果如图6-8所示，预测整体的准确率（Accuracy）很高，达到98.02%。但是实际为正例的样本中，预测正确的比例（灵敏度，Sensitivity）只有11.11%。而业务的重点是要准确地找到会流失的客户，而实际业务当中流失转户的客户数量占总体的比例很低（1.51%）。因此需要降低门槛值，然后重新计算混淆矩阵。

```
> (Accuray <- (table[1,1]+table[2,2])/sum(table))
[1] 0.9802234
> (Error_rate <- (table[2,1]+table[1,2])/sum(table))
[1] 0.01977662
> (Sensitivity <- table[2,2]/(table[1,2]+table[2,2]))
[1] 0.1111111
> (Specificity <- table[1,1]/(table[1,1]+table[2,1]))
[1] 0.9937866
```

图6-8 计算评价指标

将阈值降低设置为0.01，重新计算混淆矩阵及评价指标。操作代码如下：

```
pred_test <- prob_test > 0.01
table <- table(Predicted=pred_test,Actual=test$churn)
table
(Accuracy <- (table[1,1]+table[2,2])/sum(table))
(Error_rate <- (table[2,1]+table[1,2])/sum(table))
(Sensitivity <- table[2,2]/(table[1,2]+table[2,2]))
(Specificity <- table[1,1]/(table[1,1]+table[2,1]))
```

计算的结果如图6-9所示，灵敏度（Sensitivity）大幅提升至78.24%，但是代价是特异度（Specificity）下降至51.42%。这个代价是值得的，因为从业务的角度来看，提高预测流失客户准确性带来的收益，要远远高于错判了"不流失"客户所导致的成本。

（5）绘制ROC图，并计算AUC值

ROC曲线是描绘了不同阈值下，不同的灵敏度和（1-特异度）组合的曲线，能够反映

```
> (Accuray <- (table[1,1]+table[2,2])/sum(table))
[1] 0.5183183
> (Error_rate <- (table[2,1]+table[1,2])/sum(table))
[1] 0.4816817
> (Sensitivity <- table[2,2]/(table[1,2]+table[2,2]))
[1] 0.7824074
> (Specificity <- table[1,1]/(table[1,1]+table[2,1]))
[1] 0.514197
```

图 6-9　重新计算评价指标

模型预测性能的好坏。AUC值是ROC曲线下方的面积。使用R语言的ROCR包可以方便地实现操作，安装ROCR包并调用：

```
install.packages("ROCR")
library(ROCR)
```

第一步，绘制ROC曲线。操作代码如下：

```
pred_object <- prediction(prob_test,test$churn)
perf <- performance(pred_object, measure = "tpr", x.measure = "fpr")
plot(perf,lwd=2, col="blue",xlab="1-特异度",ylab="灵敏度")
abline(0,1)
```

第一句代码建立测试对象，即测试使用的数据；第二句代码建立性能对象，即绘制ROC曲线需要的灵敏度和特异度的组合值；第三句代码使用plot函数绘制ROC曲线。最后一句"abline（0,1）"给图加一条对角直线。fit2模型的ROC如图6-10所示。

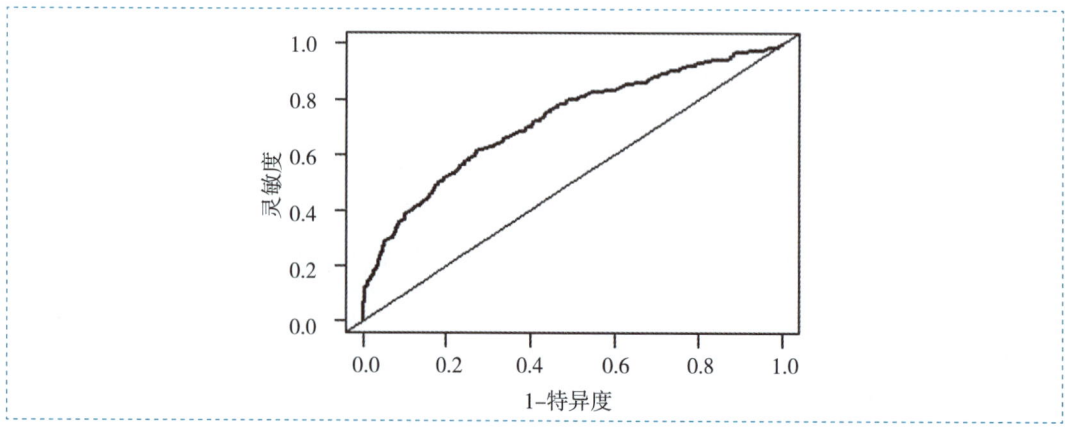

图 6-10　ROC 曲线（测试集）

第二步，计算AUC值。

操作代码如下：

```
auc_test <- performance(pred_object, measure ="auc") #计算AUC值
auc_test@y.values #提取AUC值
```

得到AUC值为0.72。

6.4 典型案例实操：贷款违约行为预判

商业银行预测贷款客户是否会违约是银行风险控制的重要手段。根据银行对客户贷款的历史数据，可以建立逻辑回归模型预判客户的违约行为。本案例使用的数据集来源于UCI（University of California at Irwin）的机器学习资料库（Asunction and Newman，2007），由汉堡大学统计研究所的霍夫曼教授于1994年提供。数据文件为：credit.csv，包含客户ID、"是否违约"以及另外8个用于分析的变量，具体用于建模的变量解释如表6-3所示。

表6-3 变量一览表

	变量名	变量性质	单位	详细说明
因变量	是否违约（Default）	0-1变量	无	1=违约；0=不违约
自变量	持续时间（duration）	连续变量	月	贷款持续时间，按月份数统计
	贷款数量（amount）	连续变量	马克	贷款金额
	贷款分期（installment）	连续变量	期	贷款分期数量
	年龄（age）	连续变量	岁	贷款人年龄
	征信历史（history）	分类变量	无	根据客户的历史征信记录，信用分为good、poor及terrible三种
	贷款目的（purpose）	分类变量	无	贷款的用途，分为biz（做生意）、edu（教育）、goods/repair（购物）、newcar（买新车）、usedcar（买二手车）五类

续表

	变量名	变量性质	单位	详细说明
自变量	国内外（foreign）	分类变量	无	客户是否为本国人，分为本国（german）、外国（foreign）
	是否租房（rent）	分类变量	无	分为TRUE、FALSE两类

要求 使用R语言载入数据集credit.csv，运行代码credit.R，观察输出的结果，并回答以下题目。

1. 读取数据集credit.csv，观察数据集，共有____行。

2. 分割样本，使用sample函数进行随机抽样，选取样本的90%数据作为训练集，其余10%作为测试集。sample函数的基本形式为：

$$sample（x, size, replace = FALSE）$$

其中x和size参数分别代表（　　）和（　　）。

A．样本数和抽样个数　　　　B．抽样个数和样本数
C．是否重复抽样和抽样个数　　D．是否重复抽样和样本数

3. 建立逻辑回归模型credglm，设置因变量为Default，其余全部变量设为自变量。输出模型估计结果，模型的AIC值为____。（答案请四舍五入，保留两位小数）

4. 模型credglm显示，哪些自变量值提高时会降低客户违约的概率？

A．duration　　　B．amount　　　C．installment　　　D．age

5. 使用测试集进行预测。设置阈值为0.1，计算模型credglm的准确率（Accuracy）和错分率（Error rate）分别为____和____。（答案请四舍五入，保留两位小数）

6. 接上一题，设置阈值为0.2，模型credglm的灵敏度（Sensitivity）和特异度（specificity）分别为_____和_____。（答案请四舍五入，保留三位小数）

7. 安装ROCR包，计算模型credglm的AUC值为____。（答案请四舍五入，保留两位小数）

第7章 用户评论分析

7.1 案例导入

生活中文本无处不在,网页上的新闻、证券公司的研究报告、电商平台上的顾客评论等都是文本资料。如何从文本资料中挖掘有价值的信息是文本分析需要回答的问题。比如,在金融行业,可以从上市公司的公告、年报以及新闻中探究公司的发展状况;从网民在股吧、论坛的动态来判断大众对股票的评价和喜好程度;在互联网行业,谷歌曾经做过一个流感预测,通过检测"温度计""肌肉疼痛"等一系列和流感相关的关键词在网上的搜索来追踪分析不同地区的流感趋势,比传统方法快两周。某热水器生产厂家在电商平台上收集了1万条真实用户评论(图7-1),希望从用户评论中挖掘消费者对产品的关注点,从而改善产品的设计。

图7-1 某品牌热水器评论词云图

> 思考
>
> 如何对以上文本信息进行分析?

7.2 知识要点

7.2.1 用户评价分析理论介绍

7.2.1.1 电商平台在线评论的概念和特点

电商平台的在线评论(Reviews)通常是指一名用户对其购买的商品或享受的服务满

意或者不满意的评论性文本，可以是好评、差评或中性评论。在线评论是用户体验的重要信息来源。

与传统的离线口碑相比，在线评论具有以下特点：①长时间保存。在线评论文本一旦发布，能够一直保留下来，供所有用户阅读；②多向互动，评论文本的互动可以是一对一、一对多，甚至是多对多的互动。如图7-2所示，电商平台上对某款手机的评论，有6位其他用户觉得有用；③无时空局限性。无论何时何地，用户都可以通过网络发布或者浏览评论；④匿名性。评论者的真实身份对外是保密的。

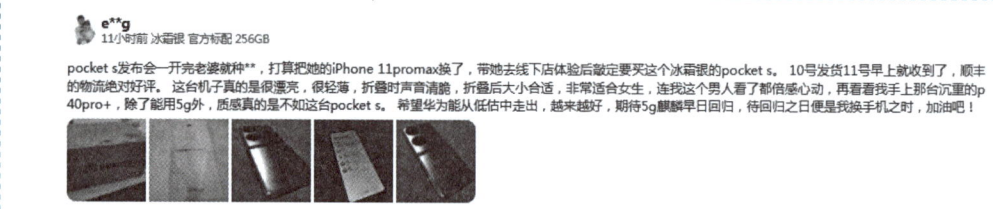

图 7-2　在线评论的互动

7.2.1.2　电商评价对用户购买决策的影响

（1）评论数量对用户购买决策的影响

在线评论数量是网络购物平台上，针对某一商品用户对其做出评论的总数量。用户在浏览某商品网页时，可以主观地看到关于产品的在线评论数量。由于在线评论都是购买过该商品的用户发布的，因此，评论数量在一定程度上跟商品的销量或者受欢迎程度呈较强的正相关性。现在不少研究成果也表明在线评论数量对产品的销量具有正向影响的作用。一方面，大量的在线评论往往会激发用户的从众心理；另一方面，在线评论数量越大说明评论当中包含的产品信息量越多，而用户在掌握更多产品相关信息的情况下，用户与卖家之间的信息不对称就会减弱。用户感到购买风险降低，就提升了购买的可能性。

（2）评论内容对用户购买决策的影响

电商平台的在线评论内容属性以及特点决定了其对用户购买决策产生了重要的影响。市场研究咨询公司Channel Advisor在2011年发布的消费者购物行为报告中观察得出：产品评论对网购用户决策产生"显著"的影响，调查表明92%的用户在购买前会阅读产品评论，而高达83%的用户表示产品评论信息会对其购买决策产生影响。而且这种影响，比起其他渠道的信息更有影响力和感染力。

由于在线评论没有模板、格式以及语言表述等方面的要求，所以用户对不同评论内容感知到的信息量以及可信度也有很大程度的不同。从这个角度出发，在线评论可以大致分为两种类型：客观描述型评论和主观评价型评论。客观描述型的产品评论，是指客观的、非情绪的，一般跟产品属性、性能相关的具有实施依据的在线评论。比如："通信音质很好，外部小屏幕显示内容多，手感很轻薄，没有想象的厚重，折叠屏打开后没有明显的折痕。"主观评价型评论指的是主观的、带有个人色彩的、无事实依据的、一般多用抽象的言辞表述的在线评论。比如："完美，产品很惊艳，性价比合适，希望用得长久!。"研究表明，客观描述型评论更有说服力，评价内容质量更高，对用户购买决策的影响更大。

7.2.2 评论分析的主要内容

评论文本分析是一种对评论数据进行清洗、处理以及分析挖掘的方法。

（1）非结构化数据与结构化数据

文本分析是一种把非结构化文本转化成结构化数据的方法。通过分词后，一个文档常常可以通过一个超高维的、关于词频的稀疏向量来表达。向量化后的文本就是结构化的，可以用于定量分析。

Hadley Wickham（2014）认为结构化数据（整洁数据）的结构为：

① 每个变量是一列。

② 每次观察是一行。

③ 多次观察的结果会构成一张表。

例如，将一段文本"移动互联网时代，数据的一大特征就是非结构化。一般认为，中文文本是典型的非结构化数据。但是通过分词后，一个文档常常可以通过一个超高维的、关于词频的稀疏向量来表达。向量化后的文本就是结构化的，可以用于定量分析。"转化为结构化的格式，如图7-3所示。

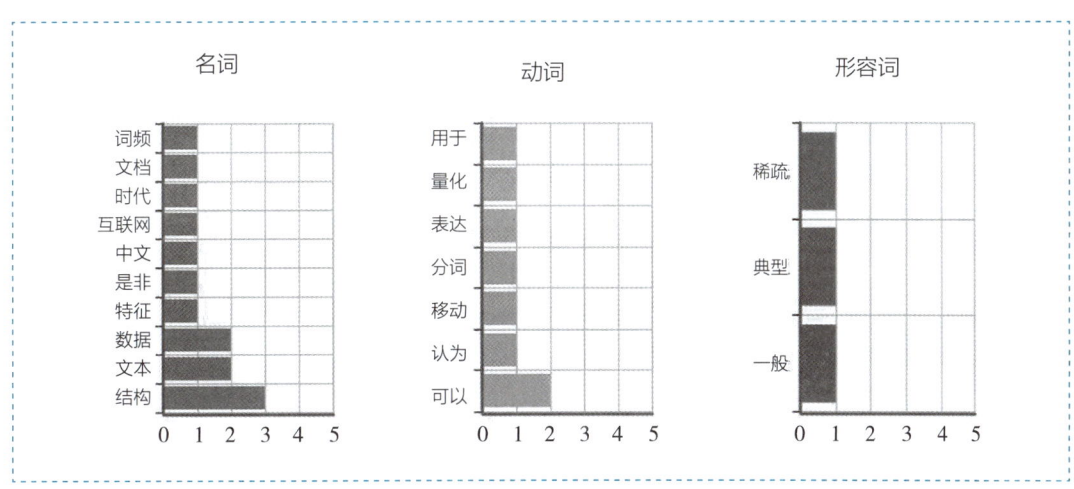

图 7-3 结构化文本数据

（2）评论文本分析的基本流程

首先，对评论进行分词，在分词的基础上可以进行字、词、句的统计，对文档有一个初步的认识。其次，可以对文本进行关键词提取，帮助提炼文本的主要内容，达到简化、概括文本的目的。此外，还可以通过聚类分析和LDA主题建模以及情感分析等进行较深层次的语义挖掘。最后，是对文本资料进行可视化展示与分析。

7.2.3 字符串处理与正则表达式

在进行文本分析之前，需要对文档资料进行必要的清洗和预处理，比如字符提取、字符拼接、去除空格、去重等操作。要实现以上操作，需要掌握两个工具：第一个是文本检索工具：正则表达式；第二个是文本处理R包：stringr包。正则表达式用于查询和定位到待处理的文本内容，stringr包对正则表达式匹配到的文本实施处理，两者将结合使用。

7.2.3.1 字符串处理

R语言的stringr包提供了30多个函数，让字符串处理变得简单易用。stringr包中常用的字符串处理函数都以str_开头来命名，方便更直观理解函数的定义，且所有的函数和参数定义都具有一致性，如表7-1所示。

表7-1 stringr 包中的常用函数

函数	功能说明
str_extract( )	提取首个匹配模式的字符
str_extract_all( )	提取所有匹配模式的字符
str_locate( )	返回首个匹配模式的字符的位置
str_locate_all( )	返回所有匹配模式的字符的位置
str_replace( )	替换首个匹配模式
str_replace_all( )	替换所有匹配模式
str_split( )	按照模式分割字符串
str_split_fixed( )	按照模式将字符串分割成指定个数
str_detect( )	检测字符是否存在某些指定模式
str_count( )	返回指定模式出现的次数

7.2.3.2 正则表达式

正则表达式（regular expression）描述了一种字符串匹配的模式（pattern），通常是由普通字符（例如字符 a 到 z）以及特殊字符（称为"元字符"）组成的文字模式。模式描述在搜索文本时要匹配一个或多个字符串。正则表达式提供了在文本中系统化分析规律的一套语法，将文档中符合某个字符模式的字符进行匹配。

（1）严格的字符匹配

最基础的匹配是字符和字符的匹配：str_extract( )函数，该函数的定义是str_extract（string, pattern），第一个参数输入要被操作的字符串，然后是要查找的文本内容的正则表达式。stringr包内部大多函数都遵循这样的编码习惯。str_extract( )函数中的第二个参数"small"，表达了严格匹配引号中的字符串，如果example.obj中有该字符串，则返回该字符串，如果没有该字符串，则返回"NA"。需要注意的是，在默认情况下严格的字符匹配是区分字母大小写的。

```
> library(stringi)
> library(stringr)
> example.obj <- "1.A small sentence.–2.Another tiny sentence."
> str_extract(example.obj,"small")
[1] "small"
> str_extract(example.obj,"banana")
[1] NA
```

（2）正则表达式的广义化

除了固定匹配，正则表达式还能够编写广义化的查询条件，其中最为广义化的是句号"."，它可以匹配任意字符：

```
> example.obj <- "1.A small sentence.– 2.Another tiny sentence."
> str_extract(example.obj,"sm.ll")
[1] "small"
```

另一个广义化是字符类（character class），它被包裹在中括号内部。一个字符类的含义是任何中括号里的字符都会被匹配：

```
> str_extract(example.obj,"sm[abc]ll")
[1] "small"
```

上述代码提取出单词small，因为字符a是字符类[abc]的一部分。很多时候，需要在给定的文本里提取所有的字母，要完成这项工作可以利用字符类[a-z A-Z]，也就是匹配所有的大小写字母。为了方便起见，在R里预定义了一些常用的字符类，如表7-2所示。

表7-2　R的预定义字符类

字符类	描述
[[:alpha:]]	任何字母
[[:digit:]]	任何数字
[[:alnum:]]	任何字母和数字
[[:space:]]	任何空白字符，如空格、换行等
[[:upper:]]	任何大写字母
[[:lower:]]	任何小写字母
[[:punct:]]	任何标点符号
[[:print:]]	可打印字符：[[:alnum:]]，[[:punct:]]和[[:space:]]

为了使用预定义字符类，必须用"[[ ]]"。否则，R就会认为指定了一个由其中的字符组成的字符类，比如提取例子里的所有标点符号，正确的表达式是：

```
> example.obj <-"1. A small sentence.- 2.Another tiny sentence."
> unlist(str_extract_all(example.obj,"[[:punct:]]"))
[1] "." "." "-" "." "."
```

（3）正则表达式的量化符

正则表达式的量化符（也叫限定符）用来指定正则表达式的一个给定组件必须出现多少次才能满足匹配，如表7-3所示。

表7-3　R正则表达式里的量化符

符号	描述
*	匹配前面的子表达式任意次。例如，zo*能匹配"z"，也能匹配"zo"以及"zoo"
+	匹配前面的子表达式一次或多次（大于等于1次）。例如，"zo+"能匹配"zo"以及"zoo"，但不能匹配"z"。+等价于{1,}
{n}	n是一个非负整数。匹配确定的n次。例如，"o{2}"不能匹配"Bob"中的"o"，但是能匹配"food"中的两个o

续表

符号	描述
{n,}	n是一个非负整数。至少匹配n次。例如，"o{2,}"不能匹配"Bob"中的"o"，但能匹配"fooood"中的所有o。"o{1,}"等价于"o+"，"o{0,}"则等价于"o*"
{n,m}	m和n均为非负整数，其中n≤m。最少匹配n次且最多匹配m次。例如，"o{1,3}"将匹配"fooooood"中的前三个o。"o{0,1}"等价于"o?"。请注意在逗号和两个数之间不能有空格

7.2.4 中文评论分词

中文评论文本中，词是最小的有意义的语言成分。汉语以字为基本书写单位，词语却没有形式上的分界符，只用标点符号和换行符来简单划分句子和段落。因此，进行中文文本分析通常是先将文本中的字符串切分成合理的词语序列，然后在此基础上进行其他分析处理。

例如，对文本"我要好好学习商务数据分析。"进行分词，可以得到：
我/要/好好/学习/商务数据分析/。

中文分词的主要困难表现为三个方面：

① 切分歧义。

现代汉语结构复杂，而且句子中间没有标点分隔，最容易出现歧义问题。人们一般通过上下文来理解，但是机器很难正确判断该如何切分。

例如：对"学生会组织义演活动"进行分词，合理的答案是"学生\会\组织\义演\活动"，还是"学生会\组织\义演\活动"呢？仅靠当前一句是无法判断的，必须结合更多的上下文才能理解。

② 未登录词识别问题。

未登录词是指分词词典中没有收录的词，包括各种命名实体（如数词、人名、地名、机构名）和网络新词，另外一些略缩语（如心外，科协，人大）和术语（股骨头坏死）也属于未登录词。很多未登录词和常用词混在一起进而形成歧义，例如：

"[王辉][国]家]里有点急事"，"发烧[是[非]典]的典型症状之一"

③ 先识别已知词还是未登录词。

如果先识别已知词，会导致未登录词识别错误（王小/胡说）；如果先识别未登录词，会导致已知词识别错误（如"胜利取决\于勇\气"）。对于哪一个先识别在先更好，目前还没有一个确定的结论。

（1）上手jiebaR中文分词包

现代分词系统已经具有较高的性能，通常能够满足大多数文本分析的需求。在R语言中，jiebaR包是最流行的中文分词包，是"结巴"中文分词（Python）的R语言版本，支持最大概率法（Maximum Probability），隐式马尔科夫模型（Hidden Markov Model），索引模型（QuerySegment），混合模型（MixSegment）四种分词模式，同时有词性标注、关键词提取等语法分析功能。

jiebaR提供了3种分词语句的写法，除了例子上面的用[]符号的语法，还可以使用<=符号语法，或者使用segment( )函数。虽然形式不同，但是分词效果是一样的。

> test<-"jiebaR提供了3种分词语句的写法"
> wk=worker( ) #建立分词引擎
> wk<=test
[1] "jiebaR" "提供" "了" "3" "种" "分词" "语句" "的" "写法"
> wk[test]
[1] "jiebaR" "提供" "了" "3" "种" "分词" "语句" "的" "写法"
> segment(test,wk)
[1] "jiebaR" "提供" "了" "3" "种" "分词" "语句" "的" "写法"

在调用worker( )函数时，实际是在加载jiebaR库的分词引擎。jiebaR库提供了7种分词引擎：混合模型（MixSegment）、最大概率法（MPSegment）、隐式马尔科夫模型（HMMSegment）、索引模型（QuerySegment）、标记模型（tag）、Simhash模型（simhash）与关键词模型（keywords）等。一般情况下，默认采用的混合模型已经足够好用。除了默认情况之外，还能在worker( )函数中设置丰富的参数。

worker(type= "mix", dict = DICTPATH, hmm =HMMPATH,user = USERPATH, idf = IDFPATH, stop_word = STOPPATH, write = T, qmax = 20,topn = 5, encoding = "UTF-8", detect = T,symbol = F,lines = 1e+05,output = NULL,bylines = F,user_weight = "max")

其中比较常用的几个参数为：
① type, 设置引擎类型。默认为混合模型（mix）；
② user, 设置用户词典；
③ stop_word, 设置用停止词库；
④ encoding, 输入文件的编码，默认UTF-8。
（2）配置用户词典
分词时，配置自己自定义的词典，以便包含 jiebaR库里没有的词。虽然 jiebaR库有新词识别能力,但是自行添加新词可以保证更高的正确率。具体做法是新建txt文档文件,在文档中输入自定义的词,每行一个。保存好后,即可在worker( )函数中的user参数调用。需要注意的是,词库的第一行最好空着,否则第一个词就可能会莫名其妙地失效,如图7-4所示。

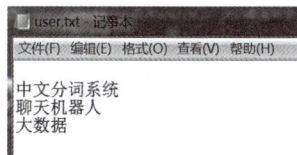

指定用户词典,加入自定义词,如"中文分词系统"。对比以下两种效果:

① 没有配置用户词典的情况:

图7-4 编辑用户词典

> wk=worker( )
> test<-"jieba是一款高效的中文分词系统"
> wk[test]
[1] "jieba" "是" "一款" "高效" "的" "中文" "分词" "系统"

② 配置了用户词典的情况:

> wk=worker(user='E:/dict/user.txt') #指定用户词典
> wk[test]
[1] "jieba" "是" "一款" "高效"
[5] "的" "中文分词系统"

使用txt文档构建的用户词典,因为初始编码不是UTF-8格式,在R语言中使用时会出现各种错误,所以建议将文档编码设置为UTF-8,再另存为txt文件,如图7-5所示。

图7-5 改变编码格式

(3)配置停用词典

文档主要是通过其文本内容中的词语相互区分,但不同词语的分辨力差别很大。需要过滤掉没有分辨力或者分辨力很低的词语并保留具有一定分辨力的特征词语,提高系统性能。停用词是指在信息检索中,为节省存储空间和提高搜索效率,在处理自然语言数据(或文本)之前或之后会自动过滤掉某些字或词,这些字或词即被称为Stop Words(停用词)。这里需要使用worker函数的stop_word参数,配置停用词典。

> test<-"如果想学好文本分析,那就都好好听课"
>wk=worker( )
[1] "如果" "想" "学好" "文本" "分析" "那" "就" "都" "好好" "听课"
> wk=worker(stop_word='E:/dict/stopword.txt')
> wk[test]
[1] "想" "学好" "文本" "分析" "好好" "听课"

上例中使用的stopword.txt,同样需要空出首行,以及使用UTF-8编码,如图7-6所示。

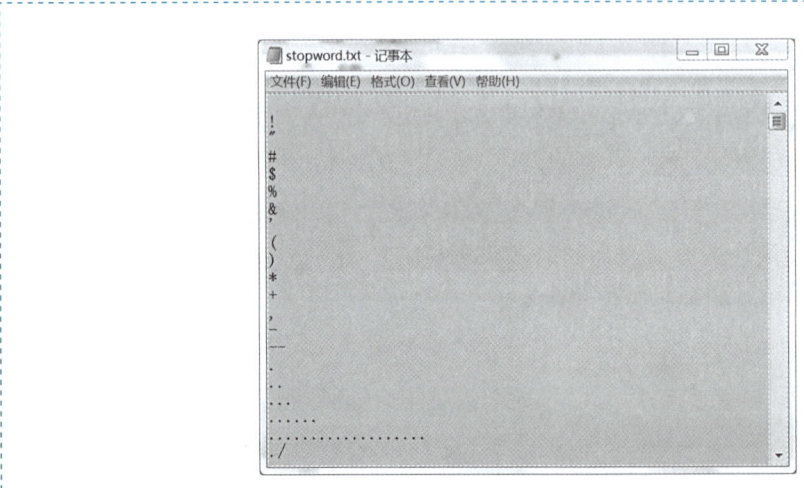

图7-6 停用词典

7.2.5 TF-IDF评论关键词提取

从海量的文本文档中,提取少量表征其内容的关键词,是关键词提取的主要任务。TF-IDF(词频—逆文档频率)方法是关键词提取的一种经典算法,能够解决大部分的关键词抽取场景。

(1) TF-IDF算法

为了更好地理解TF-IDF方法，现假定有一篇长文《中国的兰花养殖》需要用计算机提取它的关键词。一个最简单的方法是按照文本中出现的词频大小来提取，某个词出现的次数越多，则越"关键"。于是，首先进行"词频"（term frequency，TF）统计。统计后发现"中国""兰花""养殖"三个词出现的次数一样多。这是否意味着，作为关键词，它们的重要性是一样的呢？

答案显然不是。因为"中国"是很常见的词，相对而言，"兰花"和"养殖"不那么常见。如果这三个词在一篇文章中出现的次数一样多，有理由认为，"兰花"和"养殖"的重要程度要大于"中国"。如果某个词日常并不多见，但却在某篇文章中多次出现，那么它很可能就反映了这篇文章的特性。这便是TF-IDF经典算法的基本思路。

首先，词频（TF）为某个词在文档中出现的次数，同时考虑到文章有长短之分，为了便于不同文章的比较，进行"词频"标准化：

$$词频（TF）= \frac{某个词在文档中出现的次数}{文档的总词数} \tag{7-1}$$

其次，逆文档频率（inverse document frequency，IDF），它的大小与一个词的常见程度成反比。这时需要一个文档库（Corpus），用来模拟语言的使用环境。

$$逆文档频率（IDF）= \log\left(\frac{语料库的文档总数}{包含该词的文档总数+1}\right) \tag{7-2}$$

式（7-2）表明如果一个词越常见，那么分母就越大，逆文档频率就越小。分母之所以要加1，是为了避免分母为0（即所有文档都不包含该词）。log表示对得到的值取对数。

最后，计算TF-IDF值：

$$TF\text{-}IDF = 词频（TF）\times 逆文档频率（IDF） \tag{7-3}$$

可见TF-IDF与一个词在文档中的出现次数成正比，与该词在整个语言中的出现次数成反比。所以，自动提取关键词的算法是计算出文档的每个词的TF-IDF值，然后按降序排列，取排在前面的几个词作为关键词。

TF-IDF算法的优点是简单快速，结果比较符合实际情况。缺点是，单纯以"词频"衡量一个词的重要性，不够全面，有时重要的词可能出现的次数并不多。而且，这种算法无法体现词的位置信息，出现位置靠前的词与出现位置靠后的词都被视为重要性相同，这是不正确的。一种解决方法是，对全文的第一段和每一段的第一句话给予较大的权重。

(2) TF-IDF关键词提取

JiebaR包的关键词提取的实现，也是使用了TF-IDF的算法。在安装目录中的idf.utf8文件为IDF的语料库。查看idf.utf8内容，如图7-7所示。Idf.utf8文件每一行有2列，第一列是词项，第二列为权重。然后，通过计算文档的词频（TF），与语料库的IDF值相乘，就可以得到TF-IDF值，从而提取文档的关键词。

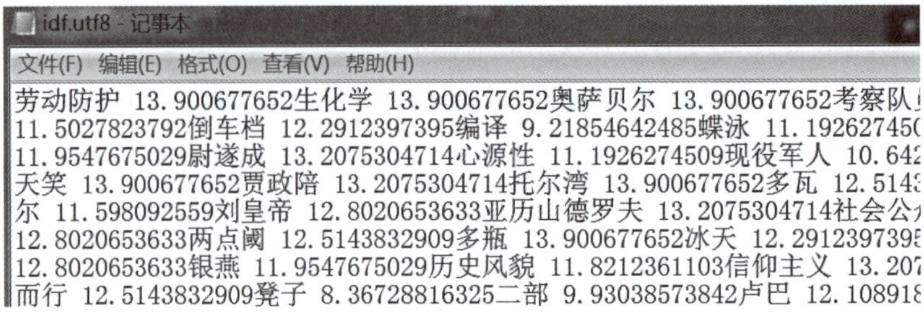
idf.utf8 - 记事本
文件(F) 编辑(E) 格式(O) 查看(V) 帮助(H)
劳动防护 13.900677652生化学 13.900677652奥萨贝尔 13.900677652考察队
11.5027823792倒车档 12.2912397395编译 9.21854642485蝶泳 11.1926274
11.9547675029尉遂成 13.2075304714心源性 11.1926274509现役军人 10.64
天笑 13.900677652贾政陪 13.2075304714托尔湾 13.900677652多瓦 12.514
尔 11.598092559刘皇帝 12.8020653633亚历山德罗夫 13.2075304714社会公
12.8020653633两点阈 12.5143832909多瓶 13.900677652冰天 12.291239739
12.8020653633银燕 11.9547675029历史风貌 11.8212361103信仰主义 13.20
而行 12.5143832909凳子 8.36728816325二部 9.93038573842卢巴 12.10891

图 7-7　IDF 的语料库

比如，对“政府工作报告”的文本内容进行关键词的提取：

```
> keys=worker(type='keywords',topn=10)
> keys["./政府工作报告.txt"]
586.96  505.10  479.06  338.50  332.22  275.10  270.00  270.00  256.25  251.32
"新" "改革" "发展" "推进" "加强" "建设" "更" "稳" "完善" "深化"
```

路径“./政府工作报告.txt”的意思为在R语言默认工作文件夹中对“政府工作报告.txt”文档进行关键词提取，所以需要事先将该文件放进默认工作文件夹。查询R语言默认工作文件夹路径，可以采用getwd( )函数：

```
> getwd( )
[1] "d:/Program Files/RStudio"
```

或者用自定义工作文件夹函数setwd( )自定义工作文件夹:

```
> setwd("d:/R")
> getwd( )
[1] "d:/R"
```

7.2.6　绘制词云图

词云图是一种非常简洁美观的可视化展示方式，其基本原理是某个词在文档出现的次数越多，词的字体就越大。通过词云图可以一目了然地知道在一个文档中哪些词出现得较多，如图7-8所示。

图 7-8　词云图

R语言的wordcloud2包是制作词云图的强大工具,可以根据图片或者文字来绘制定制化的词云图。另外,现在也有很多专门绘制词云图的网站,如Tagxedo和Wordart等,都可以画出精美的词云图。

本节主要介绍wordcloud2包。R的官网上下载安装包到本地,安装即可。
wordcloud2包的函数原型:

wordcloud2(data,size=1,minSize=0,gridSize=0,fontFamily=NULL,
fontWeight='normal',color='random-dark',backgroundColor="white", minRotation=pi/4,
maxRotation=pi/4,rotateRatio=0.4,shape='circle', ellipticity=0.65,widgetsize=NULL)

常用参数说明:

data:词云生成数据,包含具体词语以及频率。

size:字体大小,默认为1,一般来说该值越小,生成的形状轮廓越明显。

fontFamily:字体,如"微软雅黑"。

fontWeight:字体粗细,包含"normal""bold"以及"600"。

color:字体颜色,可以选择"random-dark"以及"random-light",其实就是颜色色系。

backgroundColor:背景颜色,支持R语言中的常用颜色,如"gray""blcak",但是还支持不了更加具体的颜色选择,如"gray20"。

minRontatin与maxRontatin:字体旋转角度范围的最小值以及最大值,选定后,字体会在该范围内随机旋转。

rotateRatio:字体旋转比例,如设定为1,则全部词语都会发生旋转。

shape:词云形状选择,默认是"circle",即圆形,还可以选择"cardioid"(苹果形或心形),"star"(星形),"diamond"(钻石),"triangle-forward"(前三角形),"triangle"(三角形),"pentagon"(五边形)等。

制作词云图之前,需要将文本进行分词,并计算词频。我们使用wordcloud2的官方数据集来演示词云图制作的方法,如图7-9～图7-11所示。

```
>library(wordcloud2)
>wordcloud2(demoFreq,size=1,shape='star')
```

图7-9　词云图一

```
>wordcloud2(demoFreqC,size=2,fontFamily="微软雅黑",color = "random-light",
backgroundColor="grey")
```

图7-10　词云图二

```
>wordcloud2(demoFreq,size=2,minRotation=-pi/6,maxRotation= -pi/6,rotateRatio=1)
```

图 7-11 词云图三

7.3 R语言示范操作：电影评论文本分析

本案例研究对评论文本资料的处理与分析。《复仇者联盟4：终局之战》是由美国漫威影业公司出品的科幻电影。2019年4月上映至今，该电影最终在全球范围内拿下27.96亿美元票房，比《阿凡达》的27.88亿还高了800万美元，以微小的优势拿下世界影史票房第一的称号。同时，该电影也引起了网络上的热议，豆瓣网评论关于该电影的短评达到23万条。那么这部创下世界第一票房的电影，粉丝们对其评价如何呢？

从豆瓣网平台上采集了前500条，被点击"有用"数量较高的短评。如图7-12所示，网友"棠枫海"的短评，有34900名其他网友觉得有用，所以本次数据集中的500条评论能集中反映大多数"粉丝"对电影的评价。

 棠枫海 看过 ★★★★★ 2019-04-24　　　　　　　　　　　　　　　　34900 有用
如果你不喜欢这部电影，说明他不是为你准备的，故事的终章是为读过故事的人准备的
举报

图 7-12 短评示意图

第 7 章 用户评论分析　123

对500条短评进行数据清洗、分词、词频统计，并制作词云图展示评价结论。数据文件为"reviews.csv"，R代码为"reviews.R"。

7.3.1 评论文本清洗

第一步，使用stringr包对文本数据进行清洗，stringr包需要与stringi包搭配使用，参考代码如下：

```
library(stringr)
library(stringi)
sentence<-fulian4$short
sentence<-str_replace_all(sentence," ","")
sentence <- unique(sentence)
```

第四行代码"sentence<-str_replace_all（sentence," ",""）"，其作用是利用stringr包中的str_replace_all( )函数，去掉短评中的空格。括号中的第一个参数是要处理的文本；第二个参数是需要替代文本的正则表达式，""里面是一个空格；第三个参数是"替换成"的文本，""中没有字符，是空的。因此第四行代码可以将短评中的空格替换成"空"，起到删除空格的作用。第五行代码利用unique( )函数对数据框进行去重，删除重复的评论。

7.3.2 短评分词

使用jiebaR中文分词工具，对清洗好的评论文本进行分词。参考代码如下：

```
library(jiebaR)
library(jiebaRD)
wk=worker(stop_word='F:/dict/stopword.txt')
words.txt<-function(x){wk[x]}
words<-lapply(sentence,words.txt)
f <- freq(unlist(words))
f <- f[which(nchar(f$char) > 1),]
```

第一步，加载jiebaR包和jiebaRD包。
第二步，代码"wk=worker（stop_word='F:/dict/stopword.txt'）"配置wk分词器，在

worker函数中配置stopword词典，jiebaR在分词时自动过滤停用词典里面的词。

第三步，代码"words.txt<-function（x）{wk[x]}"将wk分词器封装到words.txt函数中，用于后续的循环分词。

第四步，代码"words<-lapply（sentence,words.txt）"使用lapply（）函数将短评（sentence对象）逐个放进words.txt函数中分词，最后将处理好的分词结果存到words对象中。结果如图7-13所示，可见word对象是一个二级结构的list，即一级list是短评，二级list是每条短评的分词结果。

words	list [502]	List of length 502
[[1]]	character [38]	'300' '元' '买' '杜比' '首映' '场' …
[[2]]	character [4]	'承认' '流量' '时代' '主宰世界'
[[3]]	character [47]	'小时' '超长' 'CP' '混剪' '水准' '贼' …
[[4]]	character [4]	'无聊' '文戏' '多到' '过分'
[[5]]	character [35]	'负分' '打个' '负' '一亿分' '有人' '牛' …
[[6]]	character [3]	'情怀' '没用' '东西'
[[7]]	character [12]	'剧情' '生拉硬' '凑' '强行' '煽情' '第三部' …
[[8]]	character [9]	'剧情' '太' '猜想到' '假' '系列' '终结' …

图 7-13 分词结果

第五步，代码"f <- freq（unlist（words））"对分词结果进行词频统计。由于words对象是一个二级list，因此在做词频统计之前需要先解除一级清单，将所有词放在一个清单中，然后使用freq（）函数进行词频统计。

第六步，代码"f <- f[which（nchar（f$char）> 1）,]"删除字符数少于1的词频数据。通常1个字的词信息含量较低，因此删除这些词，可以提升后续对高频词展示的效果。f[a,b]表达式的意思是提取f数据框中的a行和b列，如果参数b不填，即f[a,]，表示提取f数据框中的a行和全部列。因此代码"f[which（nchar（f$char）> 1）,]"表示提取满足条件"which（nchar（f$char）> 1）"的行和所有列，其中"nchar（f$char）"统计词的字符数。

7.3.3 短评可视化展示

使用wordcloud2包词频统计数据进行可视化展示。参考代码如下：

```
library(wordcloud2)
f1 <- f[which(f$freq>4),]
wordcloud2(f1, size = 2, minRotation = –pi/6, maxRotation = –pi/6,rotateRatio = 1)
```

第一步，加载wordcloud2。

第二步，代码"f1 <- f[which（f$freq>4），]"从f数据框中提取词频小于等于4的词语，保存到f1对象中。式"which（f$freq>4）"表示筛选条件为"词频大于4"。

第三步，代码"wordcloud2（f1, size = 2, minRotation = –pi/6, maxRotation = –pi/6, rotateRatio = 1）"，使用wordcloud2( )函数绘制词云图，其中第一个参数为词频数据，size参数为字体大小，minRotation和maxRotation参数设置图中词的最小和最大的旋转角度，rotateRatio参数设置图中词的旋转比例。输出的词云图如图7-14所示。

图7-14　短评词云图

7.4　典型案例实操：电商评论文本分析

有数据表明，90%的客户在电商平台购物前会浏览电商评论。客户"好评"会极大促进交易的达成，客户"差评"会极大伤害客户购买的信心和意愿。电商评论是商家可以直接获取到的客户体验数据。通过电商评论的实时统计、分析，可以清晰地了解企业的产品与服务的优势与缺陷。

本案例研究京东平台上美的某款电热水器的用户评论数据，希望通过分析能提取用户对产品与服务的改进意见，为企业持续改进产品提供信息。

使用的数据集分文件名为：heater.csv，包含用户名（nickname）、评论时间（creatTime）以及评论内容（content）等数据。要求：

1. 使用R语言载入数据集heater.csv，运行代码heater.R，并观察输出的结果。

2. 回答以下问题。

① 下载并读取数据集heater.csv，观察数据集，共有____行。

② 对评论数据进行去重处理，可以使用什么函数？

  A．past( )   B．unique( )

  C．replace( )   D．group_by( )

3. 去重后的评论数量有____条。

4. 加载stringr和stringi包，进行文本数据清洗。首先去除评论文本中的英文字母及数字，然后去除"京东""美的""电热水器"以及"热水器"等跟分析无关的词。请问以下哪个正则表达式能表示全部英文字母及数字？（ ）

  A．[A–Z0–9]   B．[a–zA–Z0–9]

  C．[a–z0–9]   D．[a–9]

5. 加载jiebaR包和jiebaRD包，配置worker时加载stopword，对评论数据进行分词并做词频统计。词频统计表中共有____个词。

6. 删除词频统计表中字数小于等于1的词。请问表中剩余的词数量为____，词频最大的词数量为____。

第8章 销售及库存调配优化

8.1 案例导入

近年来,许多公司纷纷开展市场营销调查以了解消费者的个性特点、态度以及偏好。专门提供此种信息的市场营销调查公司经常为客户机构开展实际调查。市场营销调查公司提供的典型服务包括制订营销计划、开展市场调查、分析收集数据、撰写调研报告和对客户提出营销方案。在调查设计阶段,应当对调查对象的数量和类型设定目标或限额,并以最小的成本满足客户要求。

某市场调查公司A专门评定消费者对新的产品、服务和广告活动的反应。一个客户公司B要求A公司帮助确定消费者对一种近期推出的家具产品的反应。客户B要求A公司统一开展入户调查,调研对象主要为有儿童的家庭和无儿童的家庭,而且同时开展日间和晚间调查,尤其是合同还要求依据以下限制条款进行1000个访问:

① 至少访问400个有儿童的家庭;
② 至少访问400个无儿童的家庭;
③ 晚间访问的家庭数量必须不少于日间访问的家庭数量;
④ 至少40%有儿童的家庭必须在晚间访问;
⑤ 至少60%无儿童的家庭必须在晚间访问。

因为访问有儿童的家庭需要额外的访问时间,而且晚间访问工作人员要比日间访问工作人员获得更多收入,所以成本因访问的类型不同而不同。基于以往的调查研究,预计的访问费用如表8-1所示。

表8-1 预计的访问费用一览表

家庭情况	访问费用	
	日间(元/个)	晚间(元/个)
有儿童	200	250
无儿童	180	200

> **思 考**
>
> 如何制订访问计划才能以最小总访问成本满足合同要求？

8.2 知识要点

8.2.1 问题的提出

企业日常经营管理中时常会面临着如何使得销售成本最低、利润最高，如何规划高效快捷的路线，以及如何实现最高效率的流动资金周转等一系列问题。针对这些经营管理中的不同问题，可以从不同角度提出各类解决问题的方法。其中，线性规划是解决这一问题的重要手段。

线性规划能够辅助人们进行高质量的科学管理，主要是针对约束条件下线性目标函数的极值问题进行分析。主要解决两类问题：①对于给定的一项任务，如何统筹安排，使以最少的资源消耗去完成？②在给定的一定数量的资源条件下，如何合理安排，使得到的收益最多？

当前，线性规划已经普遍应用于企业管理、经济决策、军事作战等领域，为准确且高效率地利用有限资源提供了科学方法。在经济管理活动中，线性规划可用于生产计划、人力资源分配、投资组合、运输问题等方面，从不同限制的条件组合中选择出最理想的分析结果。

8.2.2 线性规划数学模型及建模步骤

数学模型是描述实际问题共性的抽象的数学形式。对数学模型的研究，有助于认识线性规划问题的性质和寻求它的一般解法。

（1）线性规划问题的特征

从数学上说，线性规划问题具有以下共同特征：

① 每一个问题都是求一组变量（x_1, x_2, $\cdots$, x_n）（称为决策变量）的值。这组变量的一组定值就代表一个具体方案。通常要求这组变量的取值是非负的。

② 存在一定的限制条件，称为约束条件。这些约束条件都可以用一组线性等式或不等式来表示。

③ 都有一个期望达到的目标，并且这个目标可以表示为决策变量的线性函数（称为

目标函数）。按所研究问题的不同，要求目标函数实现最大化或最小化。

线性规划问题的一般形式为：

目标函数 $\quad\max(\min)Y=c_1x_1+c_2x_2+\cdots+c_nx_n \quad$ (8-1)

满足约束条件

$$\begin{cases}a_{11}x_1+a_{12}x_2+\cdots+a_{1n}x_n\leqslant(=,\geqslant)b_1\\ a_{21}x_1+a_{22}x_2+\cdots+a_{2n}x_n\leqslant(=,\geqslant)b_2\\ a_{m1}x_1+a_{m2}x_2+\cdots+a_{mn}x_n\leqslant(=,\geqslant)b_m\\ x_1,x_2,\cdots,x_n\geqslant 0\end{cases} \quad (8-2)$$

在线性规划数学模型中，式（8-1）称为目标函数，c_j（$j=1,2\cdots,n$）为价值系数；式（8-2）称为约束条件，a_{ij}（$i=1,2\cdots,m$）称为技术系数，b_i为限额系数。

（2）线性规划问题的建模步骤

首先，确定决策变量。线性规划的数学模型建得是否容易，求解是否方便，取决于决策变量的选取是否得当；

其次，确定约束条件，并根据实际问题添加非负条件。明确问题中所有的限制条件，并用决策变量的线性等式或不等式表示；

最后，确定目标函数，并确定是求极大还是求极小。用决策变量的线性函数来表示实际问题所要达到的目标，得到目标函数。

8.3 R语言示范操作：销售计划安排

8.3.1 问题表述及建模

某航空集团有限公司，总部设在广州，是中国航班最多、航线网络最密集、年客运量最大的航空公司。近年来，随着广东和贵州的经济联系日益紧密，该航空公司非常看好广州白云国际机场至贵阳龙洞堡国际机场航线，计划安排更多航班促进人们出行。

为了与高铁以及其他航空公司竞争，该航空公司采用分类卖票的方法。对于公务旅行的乘客，他们时间灵活，往往在最后时刻购票，基本以全价票卖出；对于休闲旅行的乘客，他们对价格敏感，往往提前订票，基本以折扣票卖出。折扣票的折扣不一，平均售价为920元。

航空公司非常重视利用大数据改善经营问题，通过对历史数据和人们行为模式的理解，使用合适的分析方法（线性回归分析、时间序列分析等）可以预测两种票的需求量，如表8-2所示。预测会有误差，需要进行敏感性分析。同时，根据市场调查数据显示，每200元的推广投入会增加1个单位的需求量。如果通过推广可以改变需求，是否值得做，如何做？

已知,波音737-800经济舱座位数为156个。请问如何销售可以使航空公司航班收入最大化?

表 8-2 票价类型及需求

票价类型	价格 / 元	需求 / 张
全价票	1510	100
折扣票	920	150

我们将该问题表述为线性规划问题,假设决策变量是卖x_1张全价票,卖x_2张折扣票。因为波音737-800经济舱座位数为156个,这是一个限制座位数的条件,所以在确定全价票、折扣票的销量时,要考虑不超过座位总数限额,即可用不等式表示为:

$$x_1+x_2 \leqslant 156 \quad (8-3)$$

同理,因全价票、折扣票需求量的限制,可以得到以下不等式:

$$x_1 \leqslant 100 \quad (8-4)$$
$$x_2 \leqslant 150 \quad (8-5)$$

用Y表示两种票价的总收入,则目标函数为:

$$\max Y = 1510x_1 + 920x_2 \quad (8-6)$$

综上所述,式(8-6)为目标函数,式(8-3)、式(8-4)、式(8-5)整合为约束条件,则该计划问题可用数学模型表示为:

目标函数 $\quad \max Y = 1510x_1 + 920x_2$

约束条件 $\quad \begin{cases} x_1 + x_2 \leqslant 156 \\ x_1 \leqslant 100 \\ x_2 \leqslant 150 \\ x_1, x_2 \geqslant 0 \end{cases}$

8.3.2 可视化求解

图解法简单直观,不但有助于认识约束条件所表示的可行域,也有助于了解线性规划问题求解的基本原理。现对上述问题用图解法求解:

[例8-1] 目标函数 $\quad \max Y = 1510x_1 + 920x_2$

约束条件 $\quad \begin{cases} x_1 + x_2 \leqslant 156 \\ x_1 \leqslant 100 \\ x_2 \leqslant 150 \\ x_1, x_2 \geqslant 0 \end{cases}$

在以x_1、x_2为坐标轴的直角坐标系中，非负条件$x_1 \geq 0$、$x_2 \geq 0$是指第一象限。[例8-1]的每个约束条件都代表一个半平面，如约束条件$x_1+x_2 \leq 156$是代表以直线$x_1+x_2 \leq 156$为边界的左下方的半平面。如同时满足$x_1 \geq 0$、$x_2 \geq 0$，$x_1+x_2 \leq 156$，$x_1 \leq 100$，$x_2 \leq 150$约束条件的点，必然落在x_1、x_2坐标轴和由这三个半平面相交成的区域0ABCD0内，如图8-1所示的斜线阴影部分。阴影区域中的每一个点（包括边界点）都是[例8-1]线性规划问题的解（称可行解），因而此区域是该线性规划问题的解集合，称它为可行域。

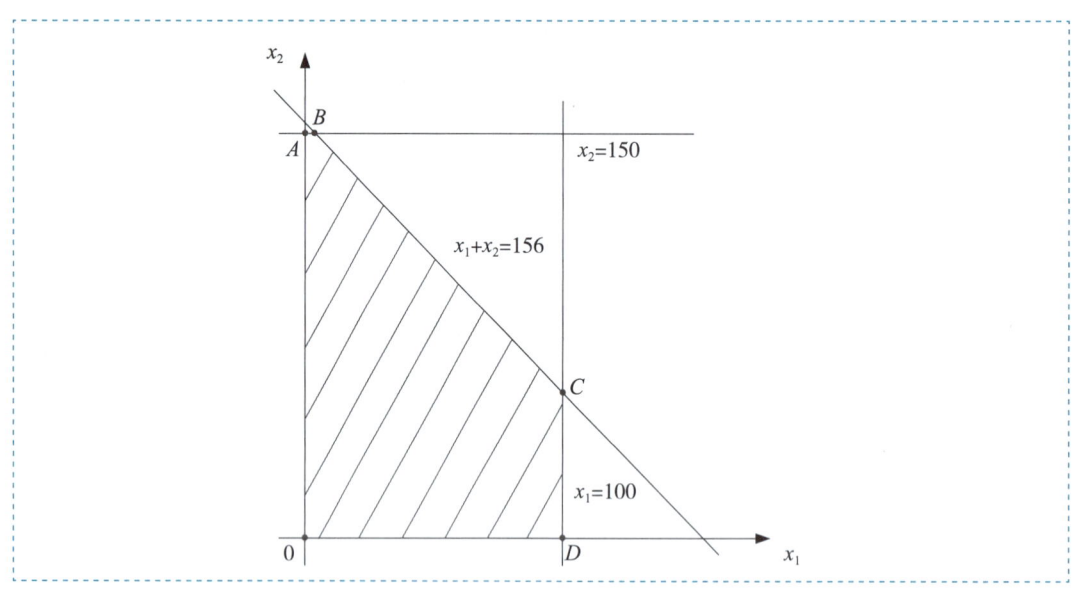

图8-1 可行域与可行解

（1）唯一最优解

分析目标函数$Y=1510x_1+920x_2$，在这个坐标平面上，它表示以$Y/920$为截距，$-151/92$为斜率的一簇平行线：

$$x_2 = -\frac{151}{92}x_1 + \frac{1}{920}Y \tag{8-7}$$

式（8-7）中位于同一直线上的点，具有相同的目标函数值，因而称它们为"等值线"。当Y值由小变大时，直线：

$$x_2 = -\frac{151}{92}x_1 + \frac{1}{920}Y$$

沿其法线方向向右上方移动。当移动到C点时，使Y值在可行域边界上实现最大化，这就得到了[例8-1]线性规划问题的最优解C，如图8-2所示。C点的坐标为（100，56），于是可计算出满足所有约束条件下的最大值$Y=1510 \times 100+920 \times 56=202520$。这说明该航空公司的最优销售计划是：销售全价票100张，销售折扣票56张，可获得最大航班收入202520元。

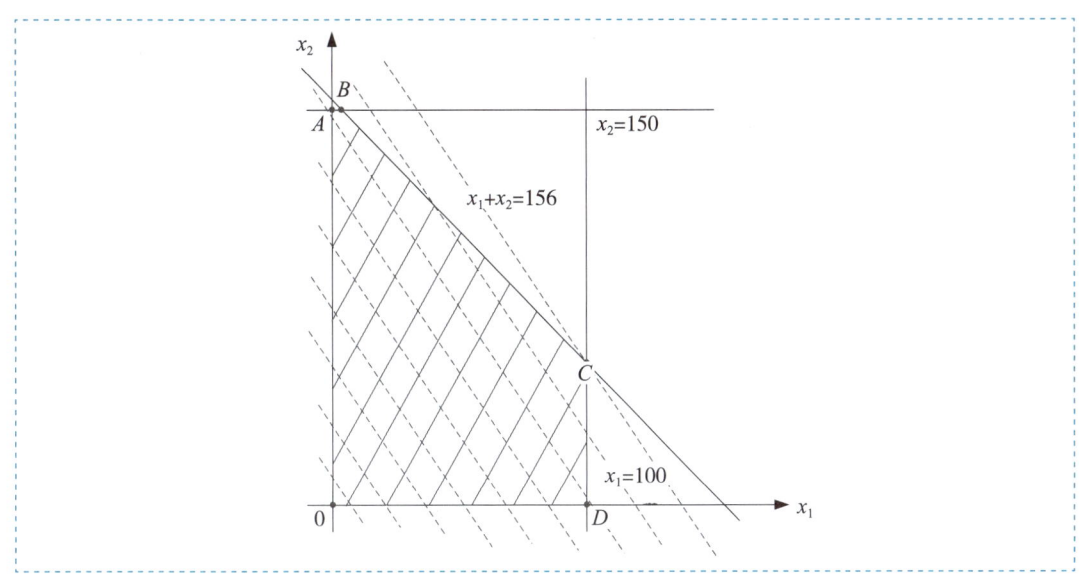

图 8-2 唯一最优解

[例8-1]中求解得到线性规划问题的最优解是唯一的,但对一般线性规划问题,求解结果还可能出现以下几种情况。

(2)无穷多最优解(多重最优解)

若将[例8-1]问题中的目标函数变为求 $\max Y=1510x_1+1510x_2$,则表示目标函数中以参数Y的这簇平行直线与约束条件$x_1+x_2 \leqslant 156$的边界线平行。当Y值由小变大时,将与线段BC重合,如图8-3所示。线段BC上任意一点都使Y取得相同的最大值。此时,这个线性规

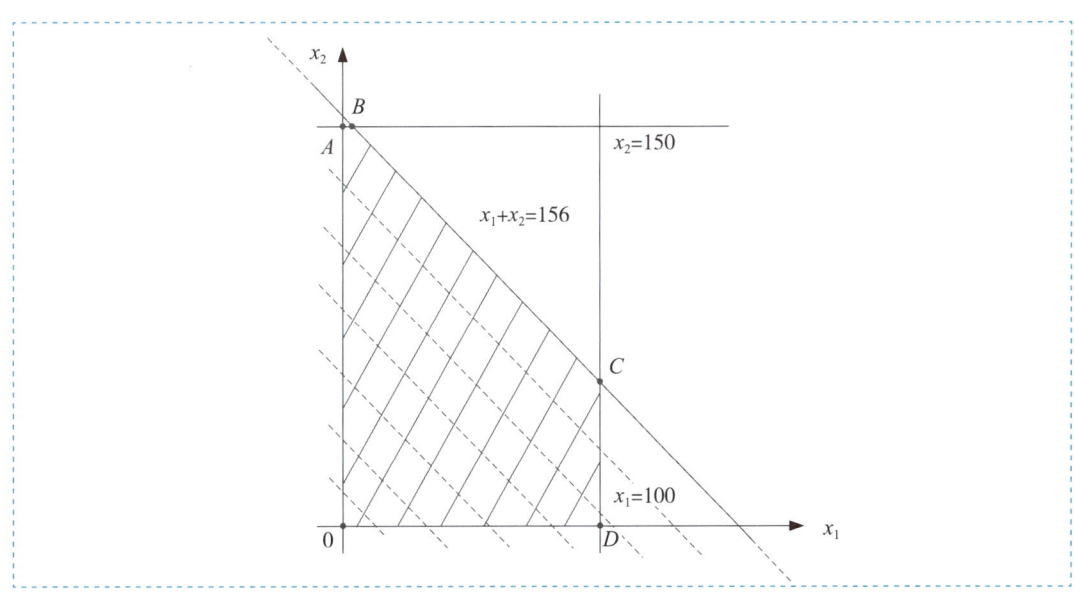

图 8-3 无穷多最优解情形

第 8 章 销售及库存调配优化

划问题有无穷多最优解（多重最优解）。

（3）无界解

对下述线性规划问题求解：

[例8-2] 目标函数 $\quad\quad\quad \max Y = x_1 + x_2 \quad\quad\quad$ （8-8）

约束条件 $\quad \begin{cases} -x_1 + x_2 \leqslant 2 \\ 3x_1 + 2x_2 \geqslant 6 \\ x_1, x_2 \geqslant 0 \end{cases} \quad\quad$ （8-9）

用图解法求解结果如图8-4所示。从图8-4中可以看到，该问题可行域无界，目标函数值可以增大到无穷大，这种情况为无界解。

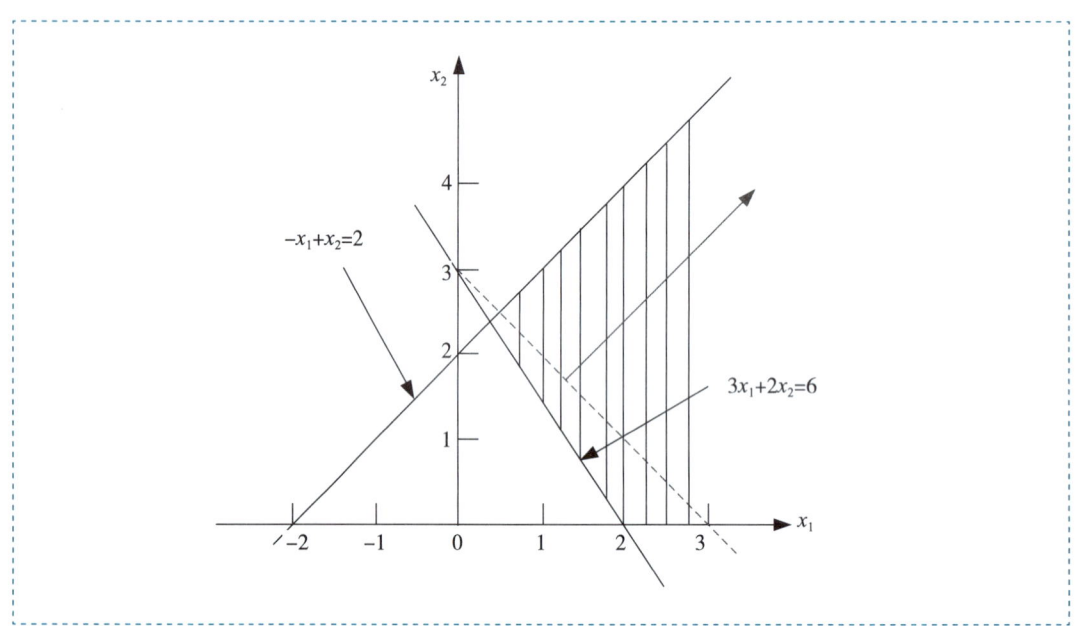

图8-4　无界解情形

（4）无可行解

如果在[例8-1]的数学模型中增加一个约束条件$x_1 + 2x_2 \geqslant 360$，该问题的可行域为空集，即无可行解，也不存在最优解，如图8-5所示。

当求解结果出现无界解、无可行解两种情况时，一般说明线性规划问题的数学模型有错误。前者缺乏必要的约束条件，后者是有矛盾的约束条件，建模时应特别注意。

从图解法中可以直观地得到以下结论：

① 当线性规划问题的可行域非空时，它是有界或无界凸多边形。

② 若线性规划问题存在最优解，它一定在有界可行域的某个顶点得到；若在两个顶点同时得到最优解，则它们连线上的任意一点都是最优解，即有无穷多最优解。

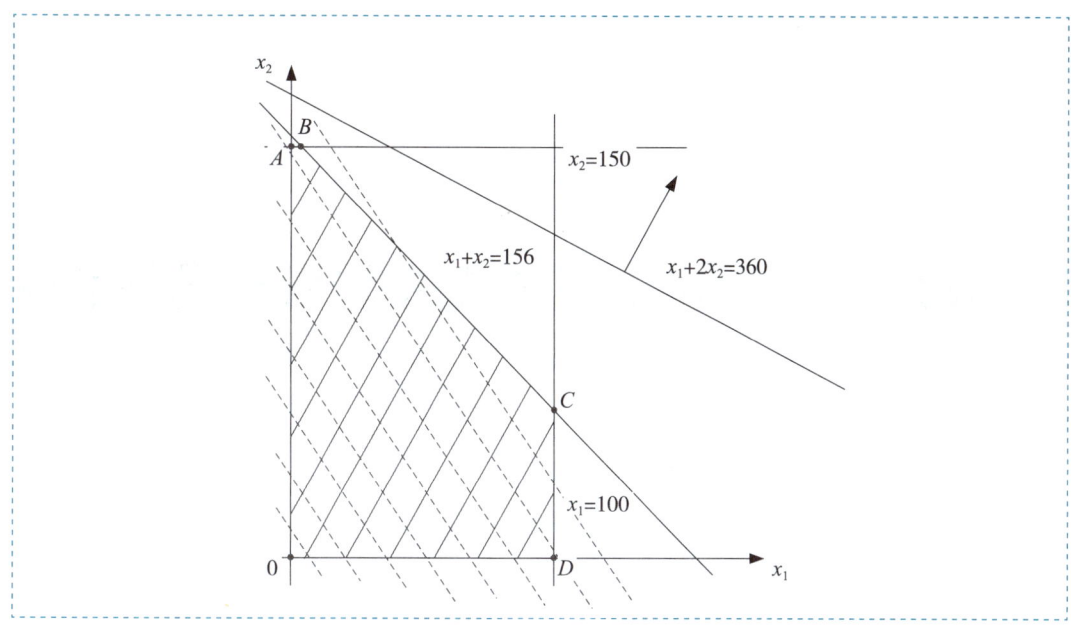

图 8-5 无可行解情形

③ 可行域为空集，一定没有最优解。

图解法虽然直观、简便，但当变量数多于三个以上时，它就无能为力了。

8.3.3 使用的R语言包

R语言中，有众多相关的R包可以解决线性规划问题，这里推荐使用Rglpk包。Rglpk包用法简单，核心函数调用方便，对解决大型的线性规划和整数规划问题十分好用。

Rglpk包的核心函数为Rglpk_solve_LP( )，用法如下：

Rglpk_solve_LP

(obj,mat,dir,rhs,types=NULL,max=TRUE,bounds=NULL,verbose=FALSE)

具体含义及作用如表8-3所示。

Rglpk包的输出结果表示的含义：

$optimum：目标函数的值。

$solution：决策变量的最优解。

$status：状态为0时，表示最优解寻找成功，非0时失败。

$solution_dual：对偶解。

$auxiliary$primal：辅助的基。

$auxiliary$dual：辅助的对偶。

$sensitivity_report：灵敏度报告。

另外，在R语言中，缺失值用NA表示，空值用 NULL 表示。

表 8-3　Rglpk 包参数含义及作用

参数	作用描述
obj	规划目标系数
mat	约束向量矩阵
dir	约束方向向量，有">="、"<="和"=="
rhs	约束值
types	限定决策变量的类型，"B"指的是0-1规划；"C"代表正实数；"I"代表正整数；系统默认是"C"
max	逻辑参数，当其取TRUE时求目标函数最大值，反之FALSE为最小值
bounds	决策变量的上下限约束，默认0到INF
verbose	表示是否输出中间过程的控制参数，默认为FALSE

8.3.4　R语言中的具体操作及结果

第一步，安装包。

```
install.packages("Rglpk")
library(Rglpk)
```

第二步，输入参数。

```
obj<-c(1510,920)
mat<-matrix(c(1,1,0,1,0,1),nrow=3)
dir<-c("<=","<=","<=")
rhs<-c(156,100,150)
Rglpk_solve_LP(obj,mat,dir,rhs,max=TRUE)
```

注意：①以上字符、数字和标点符号必须是英文状态下输入，否则会出现语法错误；②约束向量矩阵系数是列方向依次输入，数字之间用","区隔。

输出结果：

$optimum

[1] 202520

$solution

[1] 100 56

$status

[1] 0

$solution_dual

[1] 0 0

$auxiliary

$auxiliary$primal

[1] 156 100 56

$auxiliary$dual

[1] 920 590   0

$sensitivity_report

[1] NA

由输出结果可知，销售全价票100张，折扣票56张，航班最大收入202520元。

8.4 R语言示范操作：库存调配优化

8.4.1 问题表述及建模

在许多线性规划问题中，要求决策变量最优解必须取整数，例如所求的解是人数、机器台数、车辆船只数等。如果所得的解中决策变量为分数或小数，显然不符合实际问题的要求。对于一个线性规划问题，如果要求全部决策变量都取整数，称为纯（或全）整数规划；如果仅要求部分决策变量取整数，称为混合整数规划问题；有的问题要求决策变量仅取0或1两个值，称为0–1规划问题。

线性规划与整数规划的区别主要在于对决策变量的取值约束有所不同。线性规划的决策变量为正实数，而整数规划则要求决策变量为正整数。

某企业有两个供应商A1、A2，年供应量分别为23万件和27万件。它们生产的商品供应B1、B2、B3三个分销中心，年需求量分别为17万件、18万件和15万件。而自供应地到分销地的运价如表8-4所示。问应如何调运，才使总运费最省？

表8-4 产销运价表

单位：元/万件

供应地 \ 分销地	B1	B2	B3
A1	500	600	700
A2	600	1100	1600

设x_{ij}表示由供应地运往分销地的数量（单位：万件），例如x_{11}表示由供应地A1运往分销地B1的数量，如表8-5所示。

表8-5 产销平衡表

单位：万件

供应地 \ 分销地	B1	B2	B3	供应量
A1	x_{11}	x_{12}	x_{13}	23
A2	x_{21}	x_{22}	x_{23}	27
需求量	17	18	15	50

这个问题可以用以下的数学模型来描述。因为由供应地A1运往三个分销地的商品总数应为A1的供应量23万件，即：

$$x_{11}+x_{12}+x_{13}=23 \quad (8-10)$$

同样地，由供应地A2运往三个分销地的商品总数应为A2的供应量27万件，即：

$$x_{21}+x_{22}+x_{23}=27 \quad (8-11)$$

另一方面，两个供应地运往B1的商品数量应等于B1的需求量17万件，即：

$$x_{11}+x_{21}=17 \quad (8-12)$$

同理，可得：

$$x_{12}+x_{22}=18 \quad (8-13)$$

$$x_{13}+x_{23}=15 \quad (8-14)$$

如何调运才能使总运费最省，因此目标函数为：

$$\min Y=500x_{11}+600x_{12}+700x_{13}+600x_{21}+1100x_{22}+1600x_{23} \quad (8-15)$$

综上所述，式（8-15）为目标函数，式（8-10）、式（8-11）、式（8-12）、式（8-13）、

式（8-14）、式（8-15）整合为约束条件，则该运输问题可用数学模型表示为：

目标函数 $\min Y = 500x_{11} + 600x_{12} + 700x_{13} + 600x_{21} + 1100x_{22} + 1600x_{23}$

约束条件 $\begin{cases} x_{11} + x_{12} + x_{13} = 23 \\ x_{21} + x_{22} + x_{23} = 27 \\ x_{11} + x_{21} = 17 \\ x_{12} + x_{22} = 18 \\ x_{13} + x_{23} = 15 \\ x_{ij} \geqslant 0 (i = 1, 2; j = 1, 2, 3) \end{cases}$

8.4.2 使用的主要R语言包

整数规划和线性规划并无本质区别，所以在Rglpk包中其实现函数一样，只是依靠types参数来控制两个模型的区别。

参数types表示限定决策变量的类型，"B"指的是0-1规划；"I"代表正整数。在R语言代码中增加types<-c( )语句，如果决策变量类型要求一样，可用rep( )函数产生重复值。rep（x,times,length.out）函数的参数解释如下：

x：一个向量，可以是数字、文本、列表、因子等。

times：重复整个向量的次数。

length.out：用来输出向量的长度。

8.4.3 R语言中的具体操作及结果

第一步，安装包。

```
install.packages("Rglpk")
library(Rglpk)
```

第二步，输入参数。

```
obj<-c(500,600,700,600,1100,1600)
mat<-matrix(c(1,0,1,0,0,1,0,0,1,0,1,0,0,0,1,0,1,1,0,0,0,1,0,1,0,0,1,0,0,1),nrow=5)
dir<-c(rep("==",5))
rhs<-c(23,27,17,18,15)
types<-c(rep("I",6))
Rglpk_solve_LP(obj, mat, dir, rhs, types = types, max = FALSE)
```

输出结果如下：

$optimum

[1] 36500

$solution

[1] 0 8 15 17 10 0

$status

[1] 0

$solution_dual

[1] NA

$auxiliary

$auxiliary$primal

[1] 23 27 17 18 15

$auxiliary$dual

[1] NA

$sensitivity_report

[1] NA

由输出结果可知，该企业年总运费最省为36500元，其中A1运往B2是8万件，A1运往B3是15万件，A2运往B1是17万件，A2运往B2是10万件，产销平衡。

8.5 拓展学习：Excel线性规划求解与灵敏度分析

在默认情况下，Excel不能直接使用"规划求解"工具，需要将工具添加进去。打开Excel文件，单击工具栏"文件"，找到"选项"并点击。单击"加载项"，在加载项框里找到并点击"规划求解加载项"，在下面"管理"框中，选择"Excel加载项"，然后单击"转到"。在"可用加载宏"框中，选中"规划求解加载项"，然后单击"确定"即可。安装"规划求解加载宏"后，即可进行规划求解，具体步骤如下：

第一步，将线性规划方程改写成Excel表格操作的形式，如图8-6所示。

目标函数 $\max Y = 70x_1 + 120x_2$ （8-16）

约束条件
$$\begin{cases}9x_1+4x_2\leqslant 360\\4x_1+5x_2\leqslant 200\\3x_1+10x_2\leqslant 300\\x_1,x_2\geqslant 0\end{cases} \tag{8-17}$$

	A	B	C	D	E
1	线性规划问题求解				
2	决策变量	x1	x2		
3		0	0		
4	价值系数	c1	c2		目标函数
5		70	120		
6	约束条件	技术系数			限额系数
7		9	4	0	360
8		4	5	0	200
9		3	10	0	300
10					
11					

图 8–6 Excel 表格线性规划形式

第二步，在目标函数单元格E5输入相应的计算公式，如图8–7所示。

E5 =B5*B3+C5*C3

	A	B	C	D	E
1	线性规划问题求解				
2	决策变量	x1	x2		
3		0	0		
4	价值系数	c1	c2		目标函数
5		70	120		0
6	约束条件	技术系数			限额系数
7		9	4	0	360
8		4	5	0	200
9		3	10	0	300

图 8–7 目标函数计算公式

第三步，在约束条件单元格D7输入相应的计算公式，并以此类推，如图8–8所示。

D7 =B7*B$3+C7*C$3

	A	B	C	D	E
1	线性规划问题求解				
2	决策变量	x1	x2		
3		0	0		
4	价值系数	c1	c2		目标函数
5		70	120		0
6	约束条件	技术系数			限额系数
7		9	4	0	360
8		4	5	0	200
9		3	10	0	300

图 8–8 约束限制计算公式

第四步,点击菜单栏"数据",然后选择"规划求解",出现"规划求解参数"窗口,如图8-9所示。

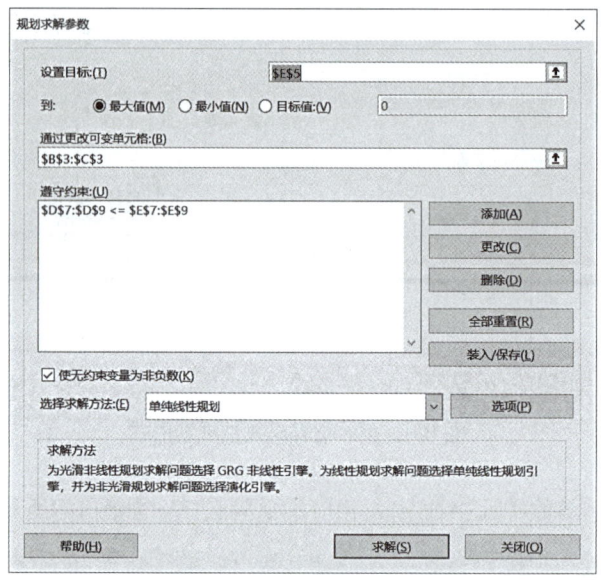

图 8-9 "规划求解参数"窗口

单击■按钮,设置相关参数,设置目标为$E$5,取最大值;通过更改可将单元格设置为$B$3:$C$3;遵守约束:选择添加,如图8-10所示。

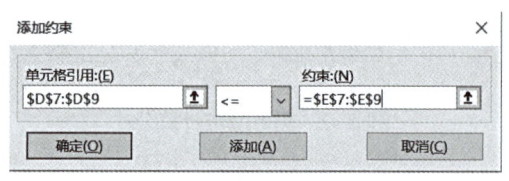

图 8-10 "添加约束"窗口

如果是整数规划,需要再添加约束,将决策变量单元格设置为取整数,如图8-11所示。

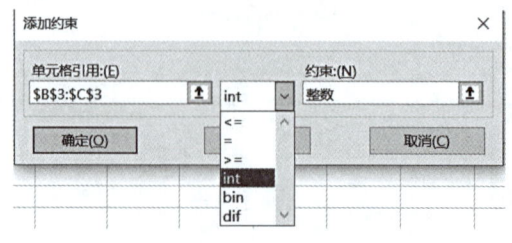

图 8-11 整数规划设置

第五步，点击"规划求解参数"窗口下方的"求解"按钮，即可出现"规划求解结果"窗口，如图8-12所示。

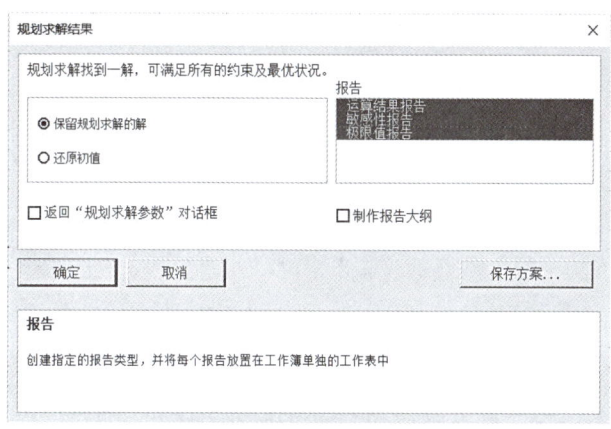

图8-12 "规划求解结果"窗口

在"规划求解结果"窗口，在报告栏目下可以创建指定的报告类型，如运算结果报告、敏感性报告和极限值报告。单击"确定"即可在Excel中出现求解结果以及报告。

第六步，运算结果和灵敏度分析。运算结果报告如图8-13所示，灵敏度报告如图8-14所示。

由运算结果报告可知最优解为（20，24），目标函数最大值为4280，即加工20件产品Ⅰ、加工24件产品Ⅱ，可获得最大利润4280元。

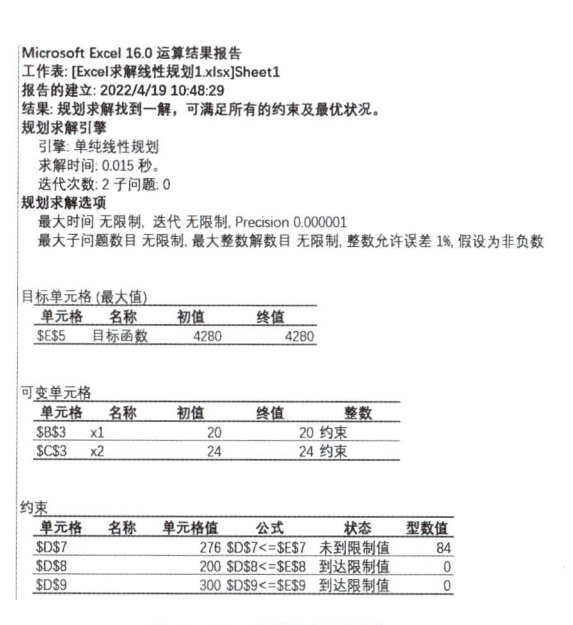

图8-13 运算结果报告　　　　图8-14 敏感性报告

第8章 销售及库存调配优化　143

线性规划模型都假定参数是已知的或确定的，然而有时候很难确切地知道这些参数。这些参数也会随着市场、技术的变化相应变化，并最终导致模型的最优解发生变化。因此，分析参数变化对模型最优解的影响非常重要。这种分析称为灵敏度分析。灵敏度分析主要有两种：价值系数（目标式系数）的变化和限额系数（约束右端值）的变化。

当目标式系数中产品Ⅰ的利润在［36，96］，即［70-34，70+26］］内变化时，最优解（20,24）不会改变。

同理，当目标式系数中产品Ⅱ的利润在［87.5，233.33］，即［120-32.5，120+113.33］内变化时，最优解（20，24）不会改变。

备注：上述结论的前提是只有其中一个系数变动时才有效，如果多个系数同时变动时要满足百分之百法则。目标式系数同时变化的百分之百法则：①概念。如果目标函数的系数同时变动，计算出每一系数变动量占该系数允许变动量的百分比（允许增加、允许减少分别对待）；将各个系数的变动百分比相加，如果所得的和不超过百分之百，最优解不会改变；如果超出百分之百，则不能确定最优解是否改变。②举例。根据图8-14灵敏度报告可变单元格，当产品Ⅰ和产品Ⅱ的单位利润的估计值由（70，120）改为（80，105）时，则产品Ⅰ的单位利润增加量占其允许增量的百分比为（80-70）/26=38.46%；产品Ⅱ的单位利润减少量占其允许减量的百分比（120-105）/32.5=46.15%。二者之和为38.46%+46.15%=84.61%<100%，因此最优解不变。

另外，由灵敏度报告知，当线性规划模型达到最优解（20，24）时，资源（劳动力、设备、原材料）的使用量分别为（276，200，300）。当劳动力（工时）在范围[192，+∞），即［276-84，+∞）内变化时，最优解不会改变，而且劳动力（工时）资源在此范围内每变化一个单位，最优值z会变化0个单位［即劳动力（工时）的影子价格］；当设备（台时）在范围［150，226.92］，即［200-50，200+26.92］内变化时，最优解不会改变，而且设备（台时）资源在此范围内每变化一个单位，最优值z会变化13.6个单位［即设备（工时）的影子价格］。当原材料（千克）在范围[227.59，400]，即［300-72.41，300+100］内变化时，最优解不会改变，而且原材料（千克）资源在此范围内每变化一个单位，最优值z会变化5.2个单位（即原材料（千克）的影子价格）。

8.6 典型案例实操：航空公司机票定价策略

某航空集团有限公司推出A地到B地的"超级经济舱"票，对休闲旅行人员进行价格折扣。根据历史数据以及市场调查，不同类型的票价需求也不一样，如表8-6所示。

表 8-6 票价类型及需求

票价类型	价格/元	需求/张
全价票	617	100
折扣票	238	150

已知,波音737经济舱座位数为166个。我们将该问题表述为线性规划问题,假设决策变量是卖x_1张全价票,卖x_2张折扣票。回答下列问题:

1.(单选题)决策要达到的目标是( )。

A. 实现航班收入的最大化　　　　B. 实现航班成本的最小化

C. 实现航班利润的最大化　　　　D. 实现航班收益整体最优

2.(单选题)目标函数的表达式为( )。

A. $\min Y = 617x_1 + 238x_2$　　　B. $\max Y = 617x_1 + 238x_2$

C. $\min Y = 100x_1 + 150x_2$　　　D. $\max Y = 100x_1 + 150x_2$

3.(多选题)决策受到的约束有( )。

A. 可销售的机票总数　　　　　　B. 每种票的售票价格

C. 每种票的售票数量不能是负数　D. 每种票的需求量

4.(单选题)在R语言中,线性规划问题推荐使用的安装包是( )。

A. jiebaR　　　　　　　　　　　B. wordcloud2

C. Rglpk　　　　　　　　　　　 D. ggplot2

5.(单选题)在R语言中,使用matrix( )函数来创建约束向量矩阵,其系数默认( )。

A. 按行填充　　　　　　　　　　B. 按列填充

C. 混合填充

6.(单选题)在R语言中,关于rep(x, times, length.out)函数描述错误的是( )。

A. 该函数用来重复值

B. 向量x可以是数字、文本、列表、因子等

C. 参数times用来设置重复整个向量的次数

D. 参数length.out用来设置输出向量的宽度

7.(单选题)撰写R语言代码,上述线性规划问题的最优解是( )。

A.(83,83)　　　　　　　　　　B.(130,36)

C.(100,66)　　　　　　　　　　D.(80,86)

8.(单选题)其他条件不变,假定增加折扣票的推广费用,折扣票的需求量增加至200张,则上述线性规划问题最优解及目标函数值会改变吗?( )

A．会 B．不会

9．（单选题）其他条件不变，假定减少折扣票的推广费用，折扣票的需求量减少至（　　）张会影响航班的销售收入。

A．66 B．100
C．150 D．166

10．（单选题）其他条件不变，假定增加全价票的推广费用，全价票的需求量增加至125张，则销售收入比原来增加（　　）元。

A．7750 B．23000
C．9560 D．9475

第9章

商务数据可视化与报告

9.1 案例导入

广州"皇上皇"股份有限公司始创于1940年,为"中华老字号""中国驰名商标",选料纯正、品质优越,素有广式"腊味之王"的美誉,是广式腊味领导品牌和行业标杆;以"皇上皇"北方基地为依托,借助越秀食品资源实行产业联动,深化生猪业务,增强对产业链上游的控制力,为下游提供稳定、安全、放心的肉品供应。皇上皇集团拥有完善的冷库仓储和冷链物流运营体系,以及成熟的覆盖全国的渠道终端,其中销售网点3000多个、经销合作客户6000多个,电商销售长期稳居行业前茅。

"皇上皇"曾通过打造数据平台,实现了高层全局管控、内控预警和业绩利润的再增长。通过可实时观看的可视化大屏,将各种应用场景的数据进行主题化的展示,能够让决策者及时、有效地监控产品的采购、生产、营销、销售渠道等方面的信息。通过内控预警系统,打通产业链由买到卖、由成本到收入的端对端全链条分析,将风险情况多渠道通知领导。数据可视化为"皇上皇"集团的精准营销、降本增效、把控质量等环节都创造了极高的价值。

例如,通过"皇上皇"生产质量分析看板(图9-1),决策者和管理者能够清晰直观地看出产品的完工量、合格率和合格数量的变化情况,生产部门管理者能够利用可视化看板实时监控生产进度并把控产品质量。通过"皇上皇"的营销首页看板,企业可知电商平台上腊味产品的销售最多的并非广州地区,而是上海市,其销售区域占比达到8.44%。这为"皇上皇"的营销渠道铺设、广告投放选址、促销方式的选择等方面提供了更多的参考依据[①]。

---

① 资料来源:翰智科技的案例库资料整理而成。

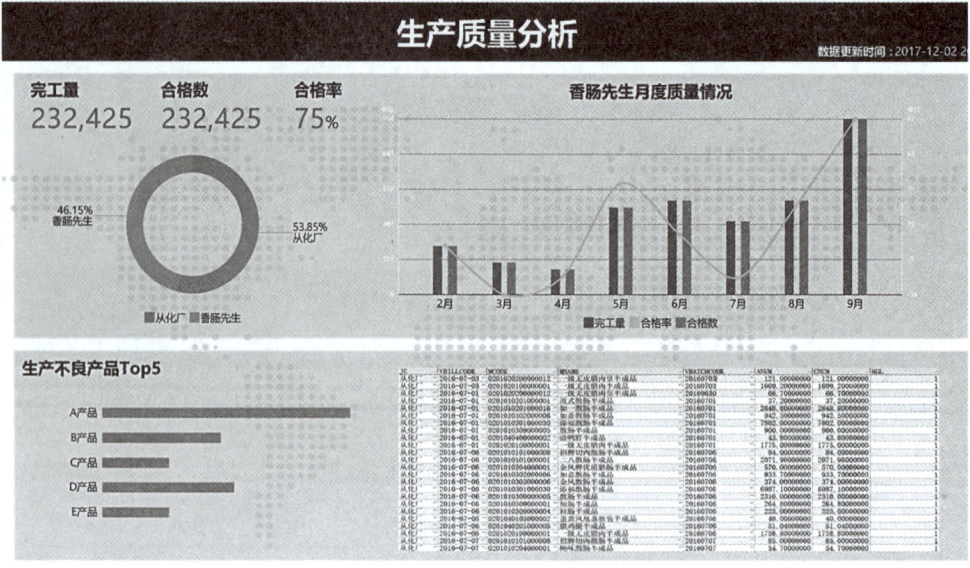

图 9-1　广州"皇上皇"2017 年生产质量分析

> 思 考
>
> 商务数据可视化是什么？对企业而言，数据可视化具有什么作用？

9.2 知识要点

9.2.1　R语言可视化基础——ggplot2包

　　Ggplot2是R中用于绘图的高级程序包，它将绘图视为一种映射——数学空间到图形元素空间的映射，例如将不同的数值映射为不同的颜色或其他图形属性。使用过photoshop的读者对图层的概念一定不陌生，ggplot2在画图时就是采用了图层的设计方式，允许用户一步步构建图形，并且便于图层的修改。Ggplot2绘图的另一大好处是简洁、美观，通过控制图层可以得到非常理想的图形效果。
　　第2章介绍过R的基础包，在基础包中，点图、条形图、箱线图等，每种图形都是彼此不相通的特殊个例，使用的函数完全不同，难以绘制复杂的图形，也难以在现有图形上添加新的要素。Ggplot2采用叠加式绘图方式，可以在现有图形上添加新的要素，简化了绘制复杂图形的步骤。

（1）R的ggplot2图形语法的主要特点

① 采用图层的设计方式，有利于结构化思维，实现数据可视化。有明确的起始与终止，图层之间的叠加是靠"+"实现的，越往后，其图层越在上方。通常只需要用geom_xxx( )或 stat_xxx( )函数就可以绘制一个图层。

② 将表征数据和图形细节分开，能快速地将图形表现出来，能通过stat_xxx( )函数将常见的统计变换融入绘图中。

③ 图形美现，扩展包丰富，有专门调整颜色、字体和主题等的辅助包，帮助用户定制个性化的图表。

④ 在ggplot2中，图是采用串联起来（+）号函数创建的。每个函数修改属于自己的部分。

（2）用几何函数指定图的类型

ggplot( )函数设置图形至少包含数据、图形属性和几何对象三个要素，其中数据需要用数据框（data.frame）的名称；图形属性需要用 aes( )函数规定数据如何与图形要素进行对应，如x轴、y轴、颜色、形状、子集等；几何对象则用 geom( )函数规定各个数据值的图形表现形式，如点、线、箱线图、柱形图、多边形等。

ggplot( )函数指定要绘制的数据源和变量，几何函数则指定这些变量如何在视觉上进行表示（使用点、条、线和阴影区）。目前，有37个几何函数可供使用。表9-1列出了比较常见的几何函数以及经常使用的选项。这些选项在表9-2有详细描述。

表9-1 ggplot中几何函数的类型

函数	添加	选项
geom_bar( )	条形图	color、fill、alpha
geom_boxplot( )	箱线图	color、fill、alpha、notch、width
geom_density( )	密度图	color、fill、alpha、linetype
geom_histogram( )	直方图	color、fill、alpha、linetype、binwidth
geom_hline( )	水平线	color、alpha、linetype、size
geom_jitter( )	抖动点	color、size、alpha、shape
geom_line( )	线图	color、alpha、linetype、size
geom_point( )	散点图	color、alpha、shape、size
geom_rug( )	地毯图	color、side
geom_smooth( )	拟合曲线	method、formula、color、fill、linetype、size
geom_text( )	文字注解	很多，参见函数的"帮助"
geom_violin( )	小提琴图	color、fill、alpha、linetype
geom_vline( )	垂线	color、alpha、linetype、size

表 9-2　几何函数的常见选项

选项	详述
color	对点、线和填充区域的边界进行着色
fill	对填充区域着色，如条形和密度区域
alpha	颜色的透明度，从0（完全透明）到1（不透明）。
linetype	图案的线条（1=实线，2=虚线，3=点，4=点破折号，5=长破折号，6=双破折号）
size	点的尺寸和线的宽度
shape	点的形状（和pch一样，0=开放的方形，1=开放的圆形，2=开放的三角形，等等）
position	绘制诸如条形图和点等对象的位置。对条形图来说，"dodge"将分组条形图并排，"stacked"堆叠分组条形图，"fill"垂直地堆叠分组条形图并规范其高度相等。对于点来说，"jitter"减少点重叠
binwidth	直方图的宽度
notch	表示方块图是否应为缺口(TRUE/FALSE)
sides	地毯图的安置（"b"=底部，"l"=左部，"t"=顶部，"r"=右部，"bl"=左下部，等等）
width	箱线图的宽度

9.2.2　ggplot2 绘图语法结构

（1）ggplot( )：底层绘图函数

DATA 为数据集，主要是数据框（data.frame）格式的数据集；MAPPINGS 变量的视觉通道映射，用来表示变量x和y，还可以用来控制颜色（color）、大小（size）或形状（shape）等视觉通道；STAT表示统计变换，与stat_xxx( )相对应，默认为"identity"（无数据变换）；POSITION表示绘图数据系列的位置调整，默认为"identity"（无位置调整）。

（2）geom_xxx( )、stat_xxx( )

几何图层或统计变换，比如常见的geom_point( )（散点图）、geom_bar( )（柱形图）、geom_histogram( )（统计直方图）、geom_boxplot( )（箱线图）、geom_line( )（折线图）等。通常使用geom_xxx( )函数就可以绘制大部分图表，有时候通过设定stat参数可以先实现统计变换。

可选的图表输入信息包括以下 5 个部分，主要是实现图表的美化与变换等。

scale_xxx ( )：度量调整，调整具体的度量，包括颜色（color）、大小（size）或形状

(shape)，跟 MAPPINGS 的映射变量相对应。

coord_xxx( )：坐标变换，默认为笛卡儿坐标系，还包括极坐标系、地理空间坐标系等。

facet_xxx( )：分面系统，将某个变量进行分面变换，包括按行、列和网格等形式分面绘图。

guides( )：图例调整，主要包括连续型和离散型两种类型的图例。

theme( )：主题设定，主要用于调整图表的细节，包括图表背景颜色、网格线的间隔与颜色等。

(3) ggplot2 绘图的基本语法结构

> 必选项：ggplot(data=<DATAFRAME>,mapping=aes(<MAPPING>))+
> #绘制基础图形，但不会出现图形元素，并通过"+"连接
> geom_xxx( )|stat_xxx( )+ #几何图层或统计转换出现图形元素
> 可选项：scale_xxx( )+ #度量调整，调整具体的标度
> coord_xxx( )+ #坐标转换，默认为笛卡尔坐标系
> facet_xxx( )+ #分面系统，将某个变量进行分面变换
> guides( )+ #图例调整
> theme( ) #主题设定

(4) 映射参数

Ggplot2通过映射来实现绘图功能，用作变量的视觉通道映射参数主要包括color/col/colour、fill、size、angle、vjust和just，其具体说明如下。需要注意的是，有些视觉通道调整参数只适应于类别型变量，如linetype、shape。

① color/col/colour、fill 和 alpha 的属性都是与颜色相关的视觉通道映射参数。其中，color/col/colour 是指点（point）、线（line）和填充区域（region）轮廓的颜色；fill 是指定填充区域（region）的颜色；alpha 是指定颜色的透明度，数值范围从0（完全透明）到1（不透明）。

② size 是指点（point）的尺寸或线（line）的宽度，默认单位为pt，可以在 geom_point( ) 函数绘制的散点图基础上，添加size的映射，从而实现气泡图的绘制。

③ angle是指角度，只有部分几何对象有，如geom_text( )函数中文本的摆放角度、geom_spoke( )函数中短棒的摆放角度。

④ vjust和hjust都是与位置调整有关的视觉通道映射参数。其中，vjust是指垂直位置微调，在（0，1）区间的数字或位置字符串：0="buttom"，0.5="middle"，1="top"，区间外的数字微调比例控制不均；hjust 是指水平位置微调，在（0，1）区间的数字或位置字符串：0="left"，0.5="center"，1="right"，区间外的数字微调比例控制不均。

⑤linetype是指定线条的类型，包括白线（0="blank"）、实线（1="solid"）、短虚线（2="dashed"）、点线（3="dotted"）、点横线（4="dotdash"）、长虚线（5="longdash"）、短长虚线（6="twodash"）。

⑥shape是指点的形状，为[0，24]区间的25个整数，分别对应方形、圆形、三角形、菱形等25种不同的形状，如图9-2所示。

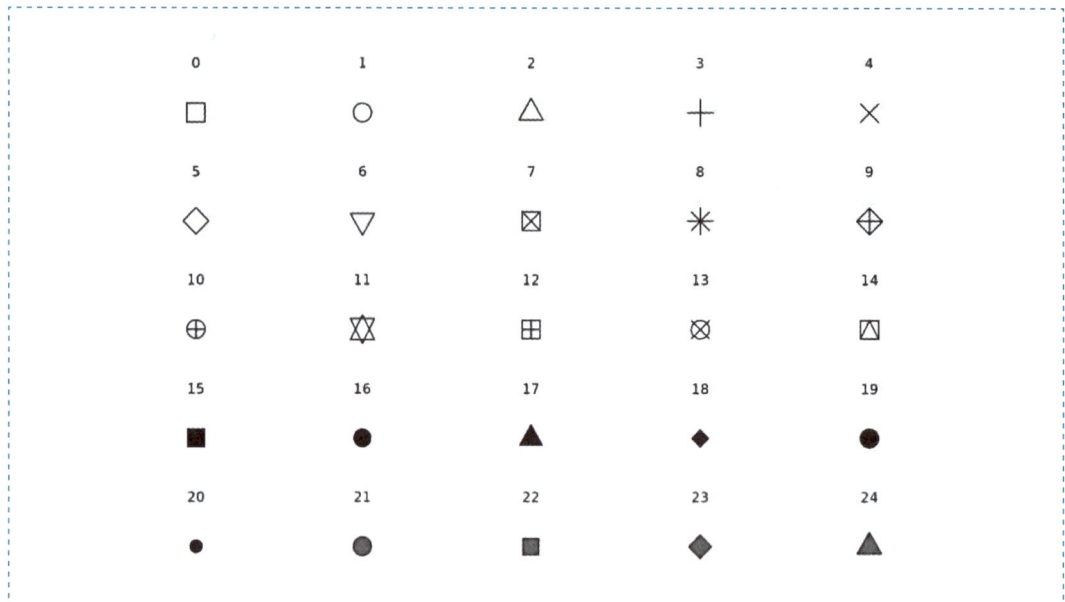

图9-2　shape形状类型

9.3　商务数据可视化在R语言中的示范操作

9.3.1　ggplot2绘图包绘制简单散点图

（1）市财政收入散点图绘制

选择数据集来自《中国统计年鉴（1994—2013年）》某市财政收入，以及相关13个因素数据集revenue.csv，将其命名为revenue。在使用ggplot2时需要安装并调用ggplot2包，具体需要在R操作台中输入以下代码：

```
install.packages("ggplot2")
library(ggplot2)
```

```
revenue = read.csv("revenue.csv")
str(revenue)
scatterplot = ggplot(revenue,aes(x=retail.sales,y=fiscal.revenue))
#定义数据和作图要素，为作图做好准备
scatterplot + geom_point( )   #散点图
```

使用ggplot2函数绘制社会消费品零售总额与市财政收入散点图如图9-3、图9-4所示。

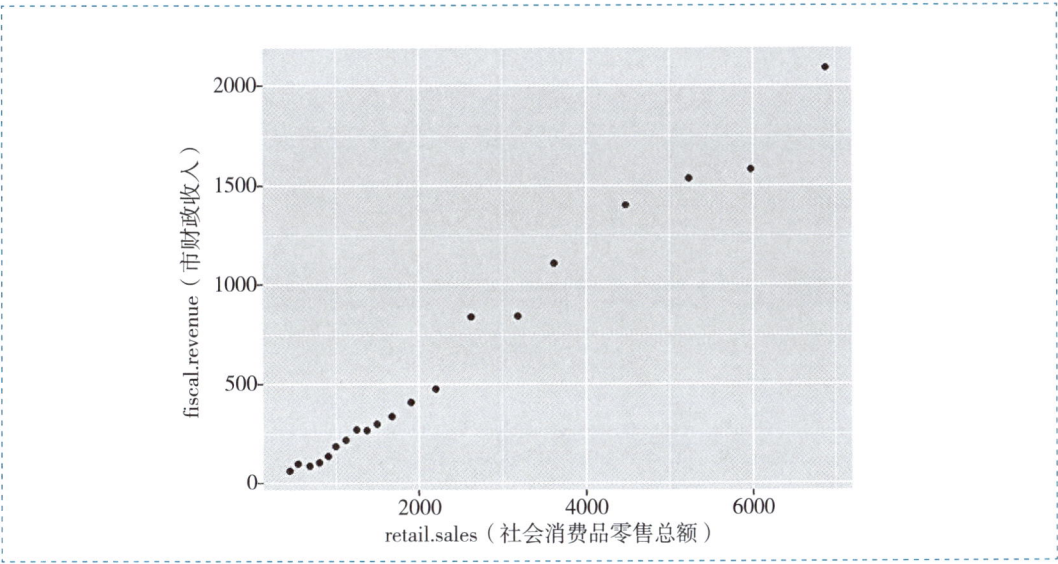

图 9-3　使用 ggplot2 函数绘制社会消费品零售总额与市财政收入散点图

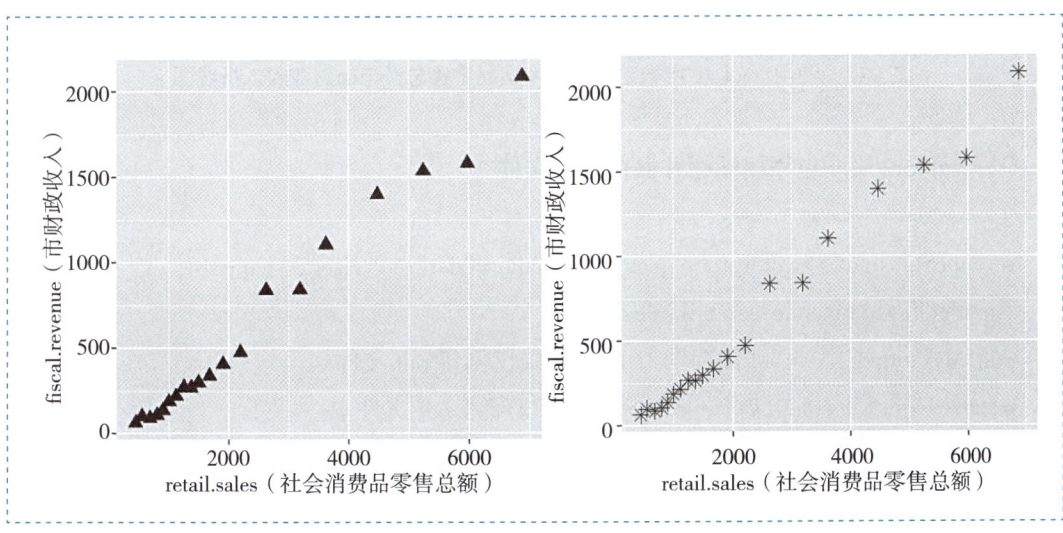

图 9-4　使用 ggplot2 函数绘制社会消费品零售总额与市财政收入不同形状图

scatterplot + geom_point(color="blue",size=3,shape=17) #将圆点改为蓝色实心三角形重新作图

scatterplot + geom_point(color="darkred",size=3,shape=8)#将几何对象改成暗红色雪花重新作图

可以方便地修改几何对象属性画出折线图：

scatterplot+geom_line( ) #将集合对象改为线

使用ggplot2函数绘制社会消费品零售总额与市财政收入折线图如图9-5所示。

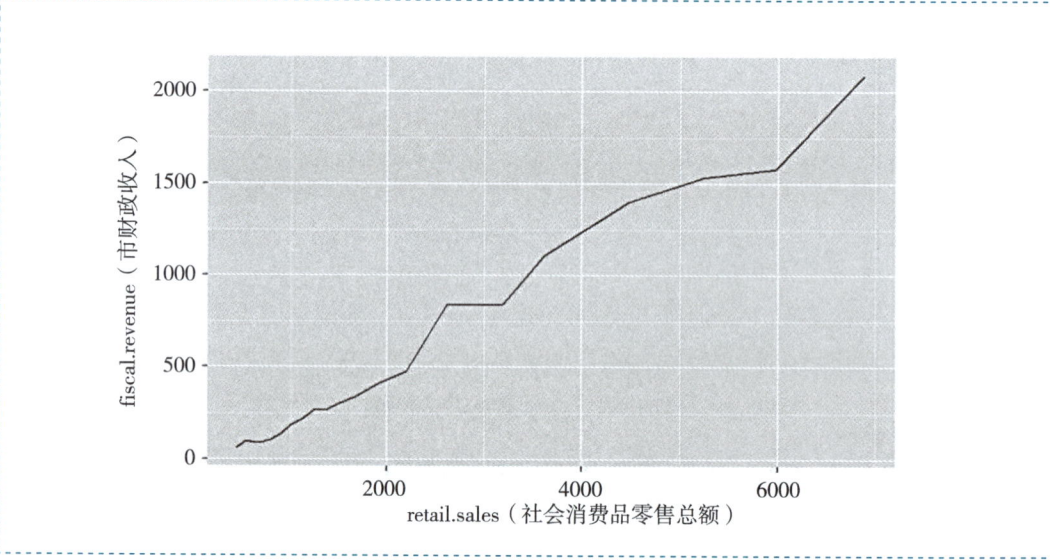

图 9-5 使用 ggplot2 函数绘制社会消费品零售总额与市财政收入折线图

（2）ggplot2 绘图包添加标题并保存绘制文件

revenueSalesplot = scatterplot + geom_point(color="darkred",size=3,shape=8)
+ggtitle("fiscal revenue vs.retail sales")
pdf("MyPlot.pdf")   # 保存图形 此步骤仅仅创建 pdf 文件
print(revenueSalesplot) #将revenueSalesplot打印入 pdf 文件中
dev.off( )   #保存后可通过getwd( )查到所在的文件

9.3.2 ggplot2 绘图包绘制更复杂散点图

（1）颜色填充

如果我们考虑在按以不同的居民可支配收入范围作为依据来绘制散点图时，使用基础绘图包会比较复杂，需要定义各种颜色，但在ggplot2中只需要将变量disposable income定义为涂色依据即可，绘制图形如图9-6所示。在R操作台中输入以下代码：

```
ggplot (revenue, aes (x=retail.sales, y=fiscal.revenue, color=disposable.income ))
+geom_point( ) #按居民可支配收入范围着色（即以变量disposable income为涂色依据）
```

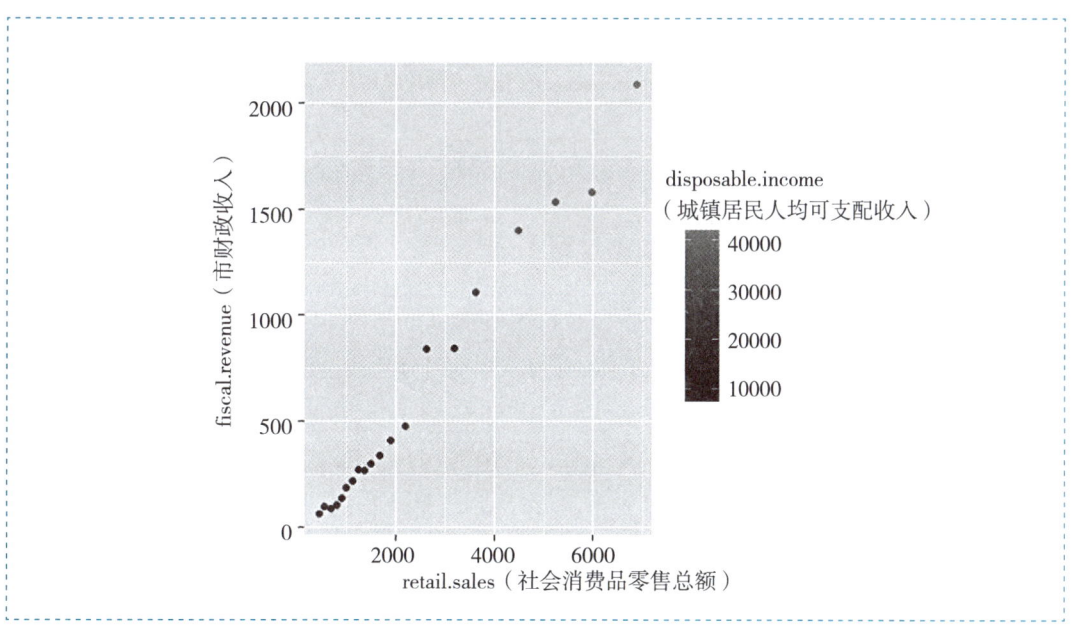

图9-6　按居民可支配收入绘制社会消费品零售总额与市财政收入散点图

（2）置信区间的绘制

为探寻全社会固定资产投资额与地区生产总值之间的关系，输入以下代码绘制散点图（图9-7）：

```
ggplot(revenue,aes(x=fixed.assets.investment,y=GDP))+geom_point( )
# 变量x为全社会固定资产投资额，y为地区生产总值
```

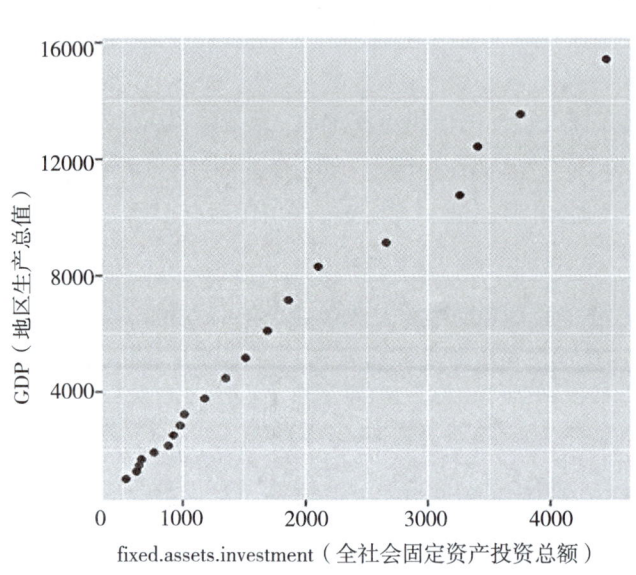

图 9-7　全社会固定资产投资额与地区生产总值散点图

model =lm(GDP~fixed.assets.investment,data=revenue)
#以GDP为因变量，以 fixed.assets.investment为独立变量建立线性回归模型；命名为model
summary (model)
ggplot(revenue,aes(x=fixed.assets.investment,y=GDP))+geom_point( )
+stat_smooth(method="lm")
# 将回归模型对应的直线添加到原来的散点图中（默认为 95%置信区间的回归线，图9-8）
ggplot(revenue,aes(x=fixed.assets.investment,y=GDP))+geom_point( )
+stat_smooth(method="lm",level=0.99)
改成 99% 置信区间回归线（图9-8）

ggplot(revenue,aes(x=fixed.assets.investment,y=GDP))+geom_point( )
+stat_smooth(method="lm",se=FALSE)　# 去掉置信区间（图9-9）
ggplot(revenue,aes(x=fixed.assets.investment,y=GDP))+geom_point( )
+stat_smooth(method="lm",se=FALSE,colour="orange")　#将回归线改成橙色（图9-9）

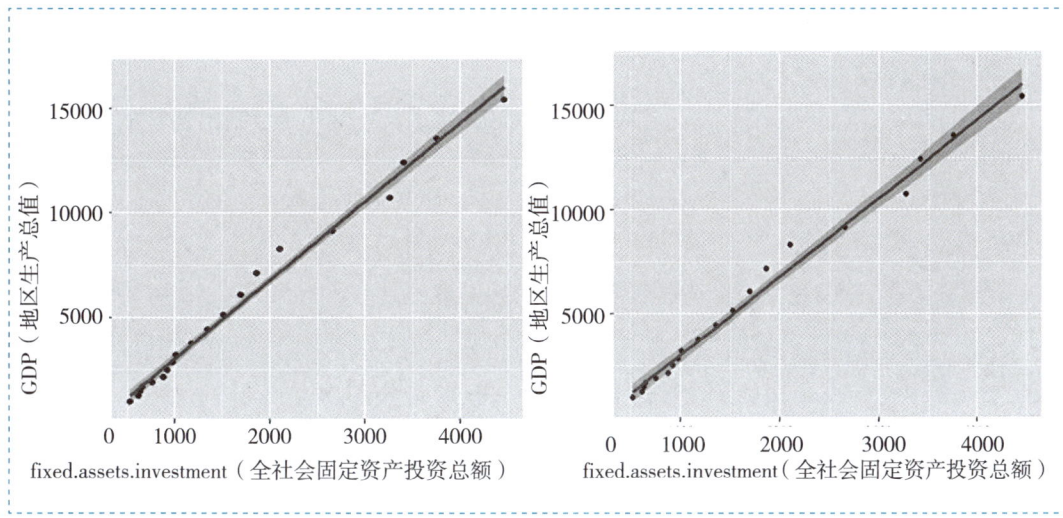

图 9-8　添加默认为 95% 置信区间的回归线和 99% 置信区间的回归线

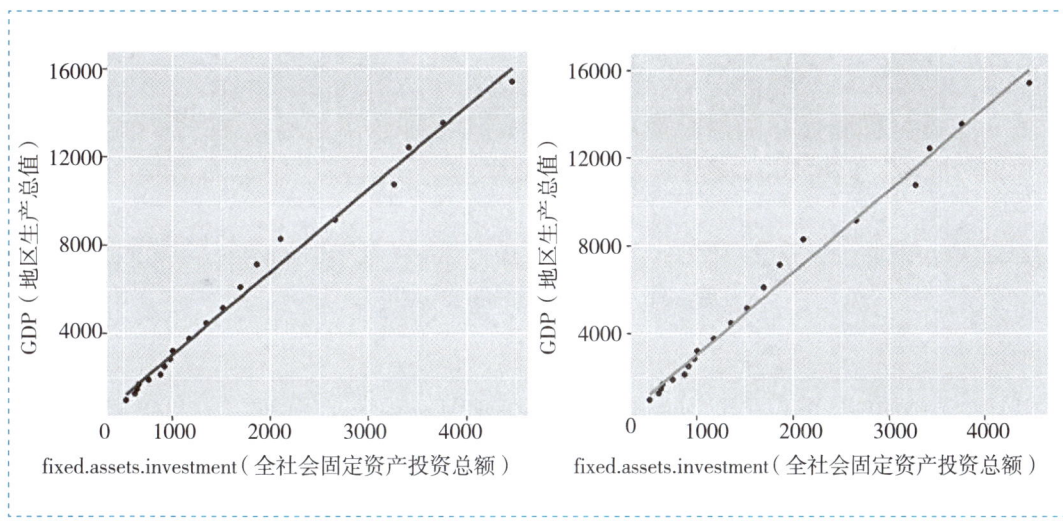

图 9-9　去除置信区间及不同颜色的回归线

9.3.3　ggplot2 绘图包绘制柱状图

以2020年15个国家/地区的上市公司数量为例，利用ggplot2绘制柱状图。IPO.csv 数据来源为《国际统计年鉴2021》。

```
IPO = read.csv("IPO.csv") #读取数据
str(IPO) #显示数据集两个变量Country.or.Area 和IPO.2020
```

```
library(ggplot2) # 导入ggplot2包
ggplot(data=IPO,aes(x=Country.or.Area,y=IPO.2020))+geom_col( ) #绘制出初步的柱形
图（图9-10）
```

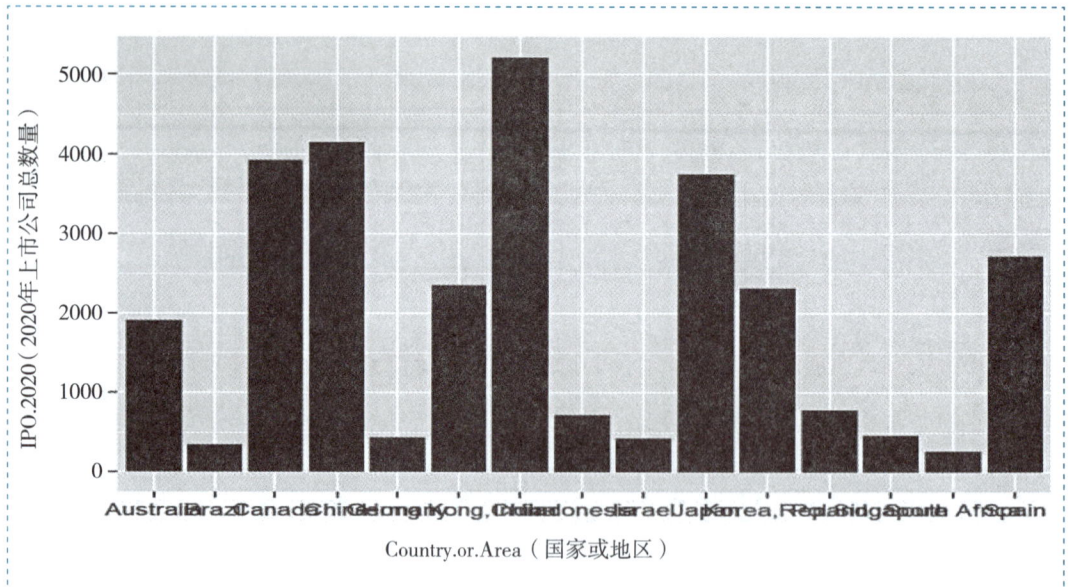

图 9-10　上市公司数量初级柱形图

这个基础的柱状图存在几个问题：①横坐标轴国家/地区文字的重叠；②没有按照IPO数量大小进行排序的问题；③没有显示具体数值等，接下来进一步美化图片。

```
ggplot(data=IPO,aes(x=reorder(Country.or.Area,IPO.2020),y=IPO.2020))
#按照IPO数量升序排列(reorder)
+geom_col(aes(fill=Country.or.Area)) # 按照每个国家/地区区分颜色(fill)
+theme_bw( )  #去除灰色背景
+theme(legend.position = "none")  #去除图例
+coord_flip( ) #柱状图旋转
+labs(x="",y="IPO(2020)")  #修改横纵坐标轴名称，y轴改为IPO(2020)
+geom_text(aes(label=Country.or.Area),hjust=-0.3
```

> #添加柱状图数值(geom_text)；hjust为调整数值的位置，向右水平移动0.3
> +ylim(0,6000)   #将y轴数据范围扩大到6000，使得India的数据能够显示

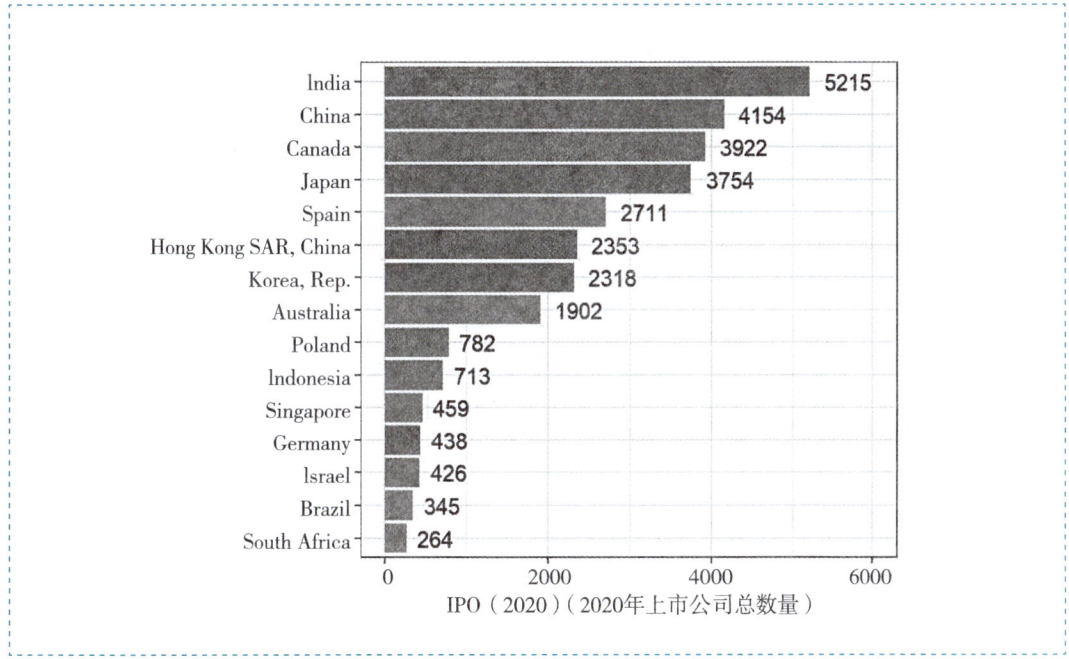

图9-11　15国/地区2020年上市公司数量柱形图

通过图9-11可以清晰地看出，2020年印度的上市公司数量最多为5215个，其次是中国、加拿大和日本，而南非也有264个上市公司。通过ggplot2进行可视化制图，能够将简单的数据变得更加生动、鲜活，帮助人们更好地理解或解释数据，并从数据中提取更多的信息，为后续的数据分析打好基础。

9.3.4　ggplot2绘图包绘制折线图、热力图及气泡图

（1）折线图的绘制

本节以某网站的浏览统计情况为例，现导入shot.csv文件中的167029条数据，分析访问网站的日期和时间规律。

> shot = read.csv("shot.csv", stringsAsFactors=FALSE)
> str(shot) #读取数据并查看其结构，显示有167029条数据

① 完成按周统计每天总共发生了多少次浏览次数，先需要设置时区。

```
Sys.setlocale("LC_TIME", "English")
#将R的时间区域、货币等设置为英语，否则后面会出现中文，造成日期排序会出错
shot$Date = strptime(shot$Date, format="%m/%d/%y %H:%M")
#将变量Date中的日期转换为R可以识别的格式，不转换就作为字符串处理
```

```
shot$Weekday = weekdays(shot$Date)
shot$Hour = shot$Date$hour
# 从变量Date中读取星期信息（使用weekdays函数），建立两个新变量，原因在于
我们需要按周统计，而文件中记录的是按每天某个小时发生的浏览量
str(shot)  # 再次查看数据结构
table(shot$Weekday)  # 统计一周中每天浏览网站的数量
SL = as.data.frame(table(shot$Weekday))
str(SL)
#将上表数据转换为数据框，命名为SL（"数量"拼音第一个字母的组合），思考
为什么需要转换？原因在于ggplot2绘图要求使用数据框
library(ggplot2)    # 调用ggplot2绘图包
ggplot(SL, aes(x=Var1, y=Freq)) + geom_line(aes(group=1))
# 作图 参数group=1是作为一组数据输出，缺少则无法绘图
```

② 将横轴顺序调整成从Monday至Sunday，可以尝试用转换为因子factor函数。

```
SL$Var1=factor(SL$Var1,ordered=TRUE, levels=c("Monday", "Tuesday",
"Wednesday", "Thursday", "Friday","Saturday","Sunday"))
 # 变量"Var1"表示每天是星期几
ggplot(SL, aes(x=Var1, y=Freq))+ geom_line(aes(group=1))
# 重新作图（可使用向上箭头），新图形的x轴是按周一到周日的顺序排序的
ggplot(SL, aes(x=Var1, y=Freq)+ geom_line(aes(group=1))
+ xlab("Day of the Week")
+ ylab("Total website visited")
 #改变x轴和y轴的名称
```

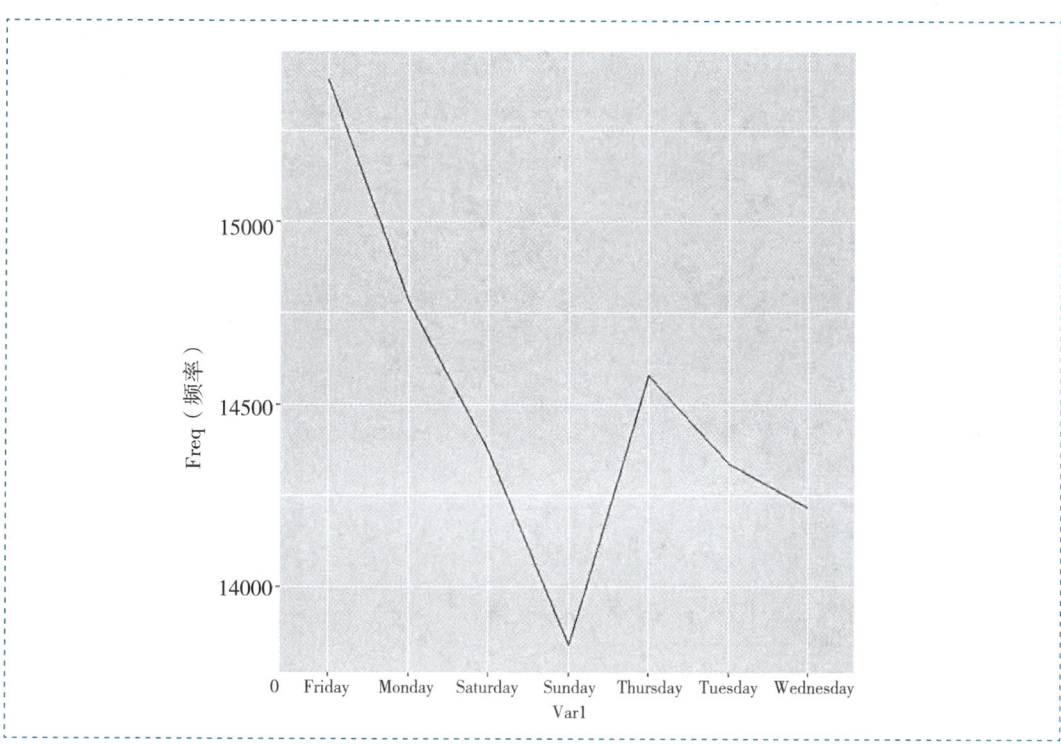

图 9-12　乱序排列的折线图

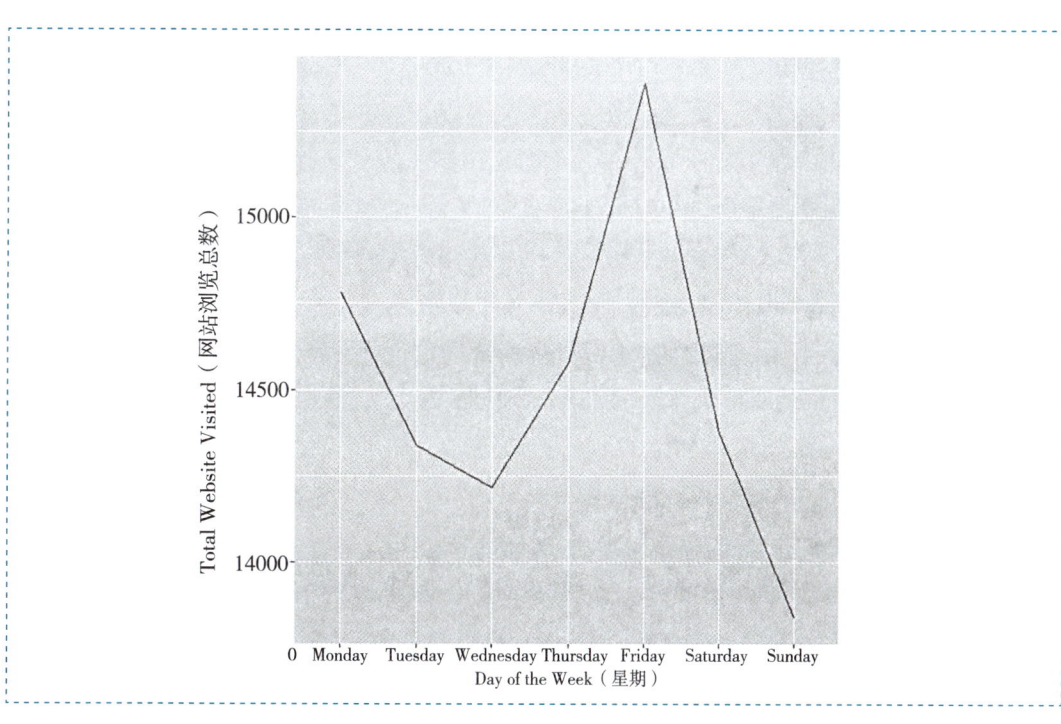

图 9-13　按正常次序排列后的折线图

通过上述折线图（图9-12、图9-13）可以看出一周内浏览频率最高的时间发生在周五，那如果想要了解每周一天24小时内的情况，折线图就显得无能为力，因此我们考虑使用热力图来展示想要的结果。

（2）热力图的绘制

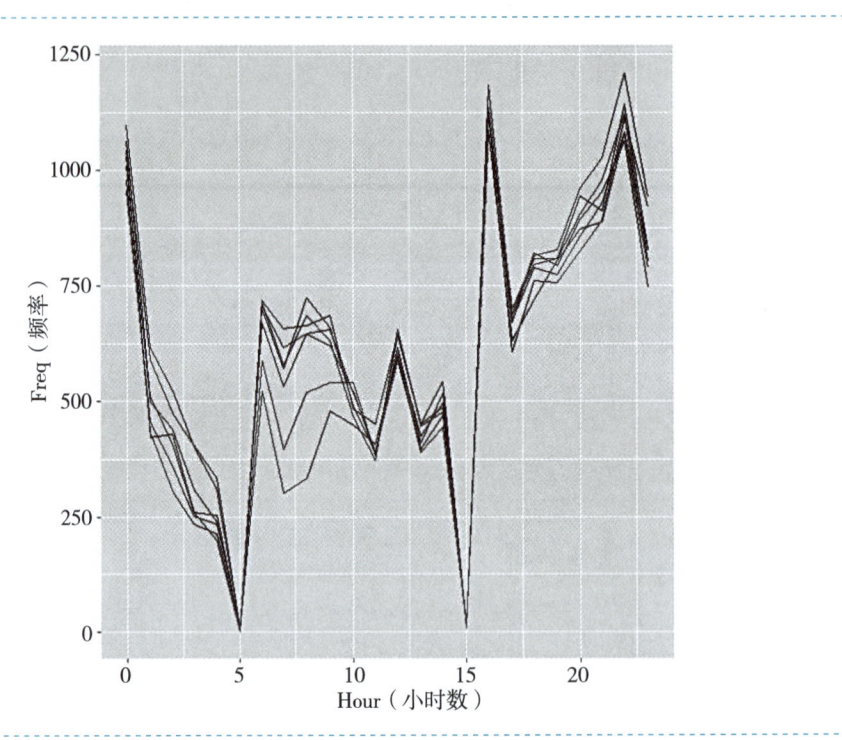

图9-14　网站浏览数量初步折线图

① 通过坐标轴绘制出每周每小时统计的结果。

table(shot$Weekday, shot$Hour)
#将该表转换为数据框，命名为SJFB（"时间分布"的拼音组合），并查看数据结构
SJFB = as.data.frame)table(shot$Weekday, shot$Hour))
str(SJFB)
SJFB$Hour = as.numeric(as.character(SJFB$Var2))
将变量Var2转换为数值型变量，命名为Hour
ggplot(SJFB, aes(x=Hour, y=Freq))+geom_line(aes(group=Var1)) #作图，见图9-14
ggplot(SJFB, aes(x=Hour, y=Freq))
+ geom_line(aes(group=Var1, color=Var1), size=2) # 上色，见图9-15

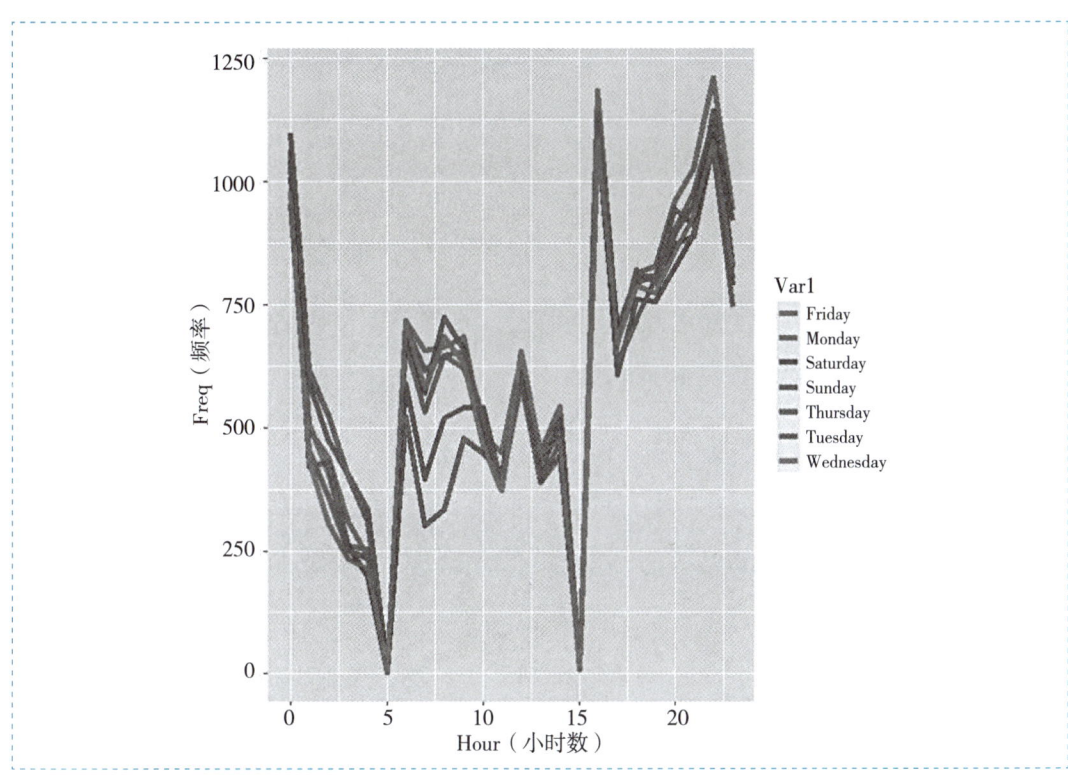

图 9-15 网站浏览数量美化折线图

② 实现热力图效果。

```
SJFB$XQ = factor(SJFB$Var1, ordered=TRUE, levels=c("Monday", "Tuesday",
"Wednesday", "Thursday", "Friday", "Saturday", "Sunday"))
#按习惯对数据框中的星期进行排序
ggplot(SJFB, aes(x = Hour, y = XQ))+ geom_tile(aes(fill = Freq))
#作热力图(heatmap)，热力图对应的几何对象函数为geom_tile，见图9-16
```

一般认为颜色越浅代表数量越少，颜色越深代表数量越多，因此继续对参数进行设置。改变颜色同时修改标题，通过设置scale_fill_gradient中的low设置浅色，high设置为红色，更加能显示出对应内容，提升视觉效果。输入以下代码：

```
ggplot(SJFB, aes(x = Hour, y = XQ)) + geom_tile(aes(fill = Freq))
+ scale_fill_gradient(name="Total website visited",low="white",high="red")
+ theme(axis.title.y = element_blank( ))
```

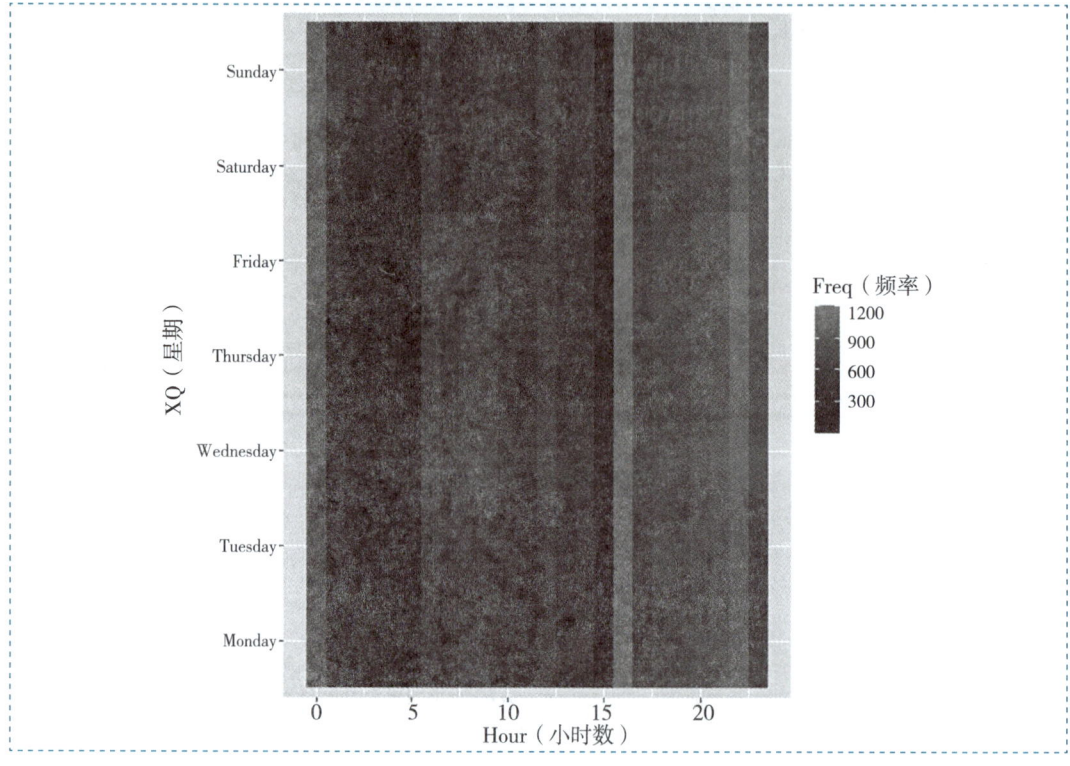

图 9-16 以星期为 y 轴，时间为 x 轴的热图（颜色越浅代表数量越多）

从图9-17可以显著看出：网站浏览时间集中在凌晨0点和16时左右，22点也有一个网站浏览的次高峰；凌晨5点和下午3点基本没有多少人浏览该网站；周末和工作日相比浏览次数没有明显的增多。通过该案例，对于电商网站平台的活动时间、广告投放时间等都有一定的参考作用。

（3）气泡图的绘制

气泡图是一种多变量图表，是散点图的变体，也可以认为是散点图和百分比区域图的组合。气泡图最基本的方法是使用三个值来确定每个数据序列，和散点图一样，气泡图将两个维度的数据值分别映射为笛卡尔坐标系上的坐标点，其中x轴和y轴分别代表不同的两个维度的数据，但是不同于散点图的是，每个气泡的面积代表第三个维度的数据。气泡图通过气泡的位置及面积大小，可分析数据之间的相关性。

需要注意的是，圆圈状气泡的大小是映射到面积（circle area）而不是半径（circle radius）或是直径（circle diameter）绘制的。因为如果是基于半径或者直径，那么圆的大小不仅会呈指数变化，而且还会导致视觉误差。

$$\text{Circle Area} = \pi \times (\text{Circle Diameter}/2)^2$$

① 现使用R包gapminder数据集，数据结构中可知共有国家、洲名、年份、平均寿命、人口和人均GDP 6个变量，其中，年份为1952—2007年以5年为间隔，接下来提取2007年的数据进行绘图（表9-3）。

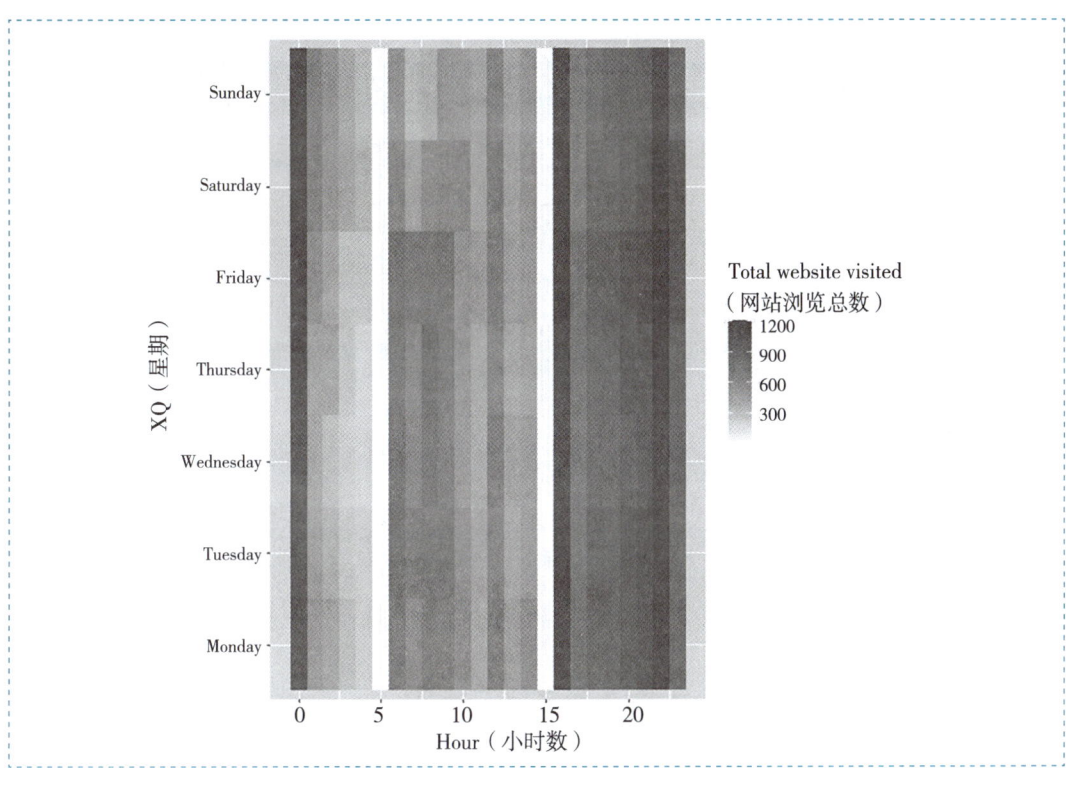

图 9-17　修改后的热力图

首先需要安装gapminder数据包并加载。

install.packages("gapminder")
library(gapminder)
View(gapminder)

表 9-3　gapminder 数据集（包含 6 个变量，1704 条数据）

	country	continent	year	lifeExp	POP	gdpPercap
1	Afghanistan	Asia	1952	28.801	8425333	779.4453
2	Afghanistan	Asia	1957	30.332	9240934	820.8530
3	Afghanistan	Asia	1962	31.997	10267083	853.1007
4	Afghanistan	Asia	1967	34.020	11537966	836.1971
5	Afghanistan	Asia	1972	36.088	13079460	739.9811
6	Afghanistan	Asia	1977	38.438	14880372	786.1134

续表

	country	continent	year	lifeExp	POP	gdpPercap
7	Afghanistan	Asia	1982	39.854	12881816	978.0114
8	Afghanistan	Asia	1987	40.822	13867957	852.3959
9	Afghanistan	Asia	1992	41.674	16317921	649.3414
10	Afghanistan	Asia	1997	41.763	22227415	635.3414
11	Afghanistan	Asia	2002	42.129	25268405	726.7341
12	Afghanistan	Asia	2007	43.828	31889923	974.5803
13	Albania	Europe	1952	55.230	1282697	1601.0561
14	Albania	Europe	1957	59.280	1476505	1942.2842

② 选取该数据集中最后一年2007年并命名为gapminder1，同时将其作为数据框。

```
gapminder1 = subset(gapminder,year=="2007")
gapminder1 = data.frame(gapminder1)
#使用ggplot2绘图包并建立映射
ggplot (gapminder1, # 用来绘图的数据
    aes (x = gdpPercap, # 将人均GDP映射到x
    y = lifeExp, # 将平均寿命映射为y
    size = pop, ))# 将人口用于控制气泡大小的第三个变量
+geom_point(alpha = 0.5) # 绘制基础款气泡图，将气泡透明度设为0.5
#设置透明度是为了不重叠数据，不遮挡下方数据图像。
```

图9-18为按照人口规模绘制的气泡简图，但标识符号、所属洲都不太清晰，因此进行接下来的修改，按所处的不同洲进行颜色的区别，同时修改标识，输入以下代码：

```
ggplot(gapminder1, # 用来绘图的数据
aes(x = gdpPercap, # 将人均GDP映射到x
y = lifeExp, # 将平均寿命映射为y
size = pop, # 将人口用于控制气泡大小的第三个变量
col = continent + #按不同洲填充不同颜色）)
  geom_point(alpha = 0.6) +# 绘制基础款气泡图，将气泡透明度设为0.6
```

```
    scale_size(range = c(1, 24)) + # 气泡最小为1，最大为24
    labs(title = "各洲各国人民生活水平指标（2007年数据）", # 定义主标题
         subtitle = "平均寿命、人均GDP和人口的关系", # 定义子标题
         x = "人均GDP", # 定义x轴文本
         y = "平均寿命", # 定义y轴文本
         size = "人口数量") # 设置图例的名称
```

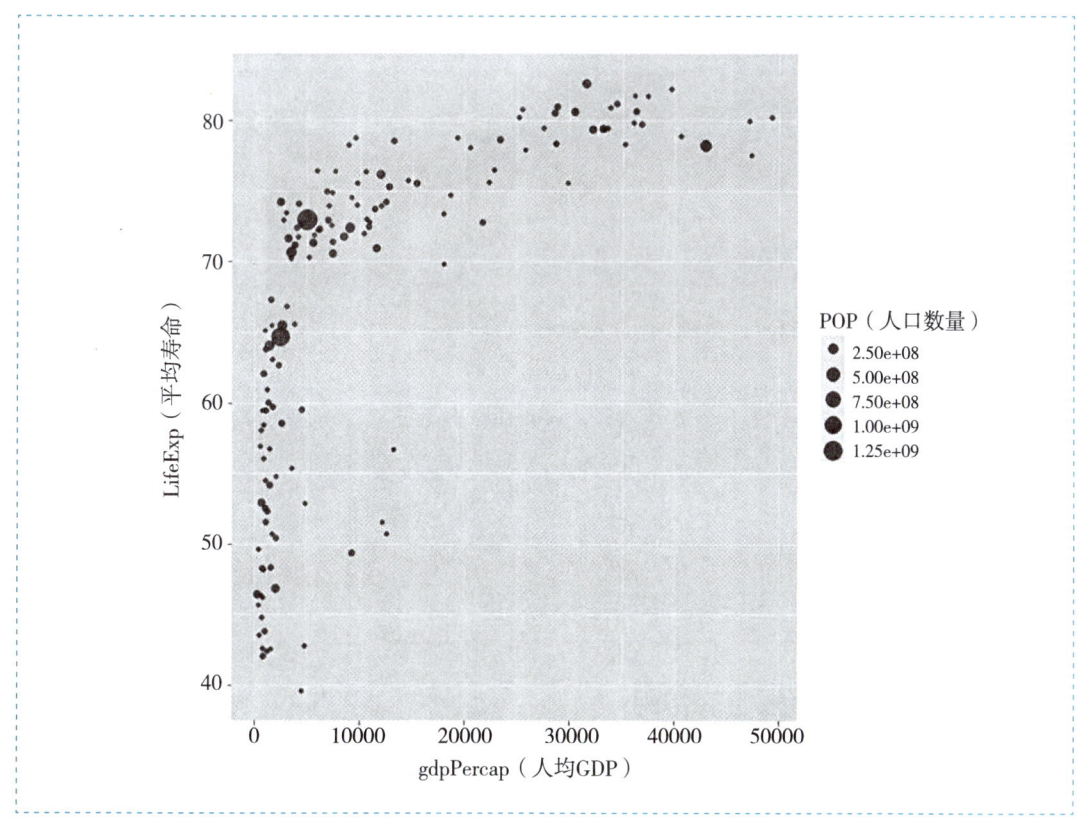

图9-18　gapminder1 气泡简图

从图9-19可以看出，蓝色标识的欧洲国家人均GDP较高、平均寿命较长且人口数量不大；红色标识的非洲国家无论人均GDP还是平均寿命均处于较低水平，而图中两个明显的绿色大圆圈标识的国家应该为印度和中国，人口数量均超过12.5亿，平均寿命也超过65岁，但人均GDP仍处于较低水平。

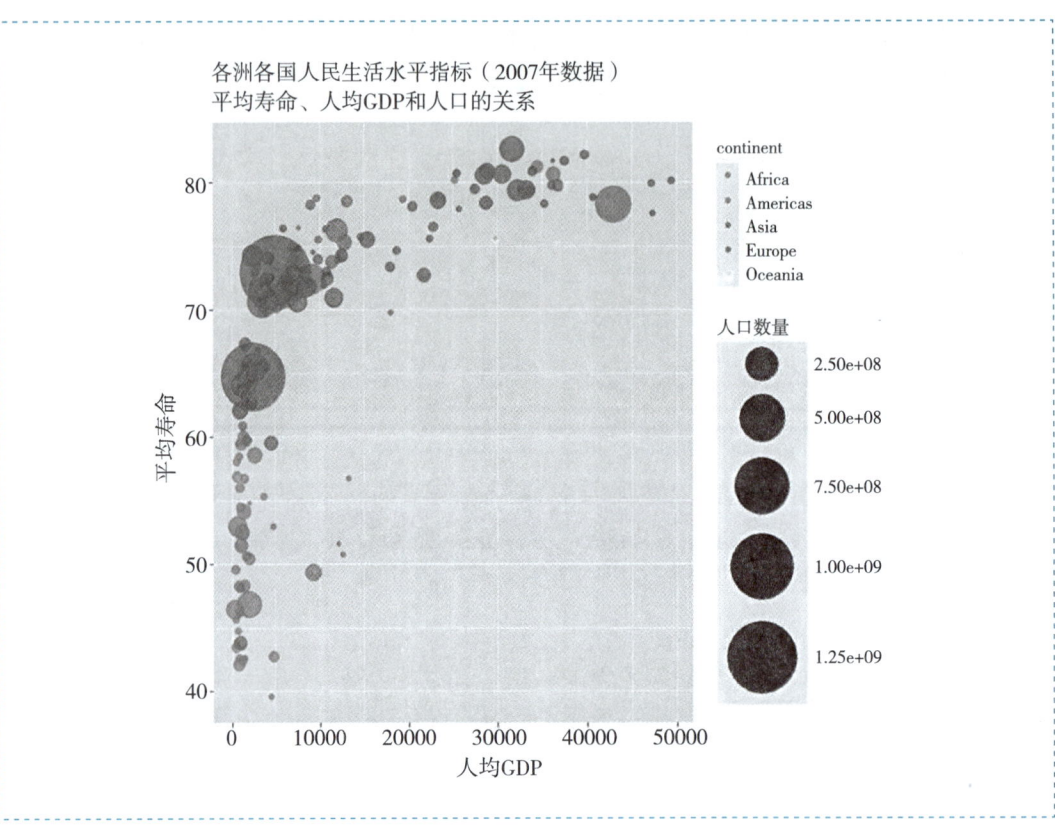

图 9-19　gapminder1 气泡图

9.4 商务数据分析报告内容及规范

9.4.1 商务数据分析报告的作用

数据分析报告实质上是一种沟通与交流的形式，主要目的在于将分析结果、可行性建议以及其他有价值的信息传递给管理人员。它需要对数据进行适当的包装，让阅读者能对结果做出正确的理解与判断，并可以根据其做出有针对性、操作性、战略性的决策。由于数据分析报告的对象、内容、时间、方法等情况的不同，因而存在着不同形式的报告类型。常用的数据分析报告有专题分析报告、综合分析报告、日常数据通报等。

商务数据分析报告主要有三个方面的作用，即展示分析结果、验证分析质量，以及为提供决策参考。

（1）展示分析结果

报告以某一种特定的形式将数据分析结果清晰地展示给决策者，使得他们能够迅速理解、分析、研究问题的基本情况、结论与建议等内容。

（2）验证分析质量

从某种角度上来讲，分析报告也是对整个数据分析项目的一个总结。通过报告中对数据分析方法的描述、对数据结果的处理与分析等几个方面来检验数据分析的质量，并且让决策者能够感受到该数据分析过程是科学并且严谨的。

（3）提供决策参考

大部分的数据分析报告都是具有时效性的，因此所得到的结论与建议可以作为决策者在决策时的一个重要参考依据。虽然大部分决策者（尤其是高层管理人员）没有时间去通篇阅读分析报告，但是在决策过程中，报告的结论与建议或其他相关章节将会被重点阅读，并根据结果辅助其最终决策。所以，分析报告是决策者二手数据的重要来源之一。

9.4.2 数据分析报告的写作原则及框架

商务数据分析报告作用重大，那么，如何撰写好一份可读性强、决策价值高的分析报告呢？下面将从数据分析报告的写作原则及写作框架两个方面进行阐述。

（1）数据分析报告的写作原则

一份完整的数据分析报告，应当围绕目标确定范围，遵循一定的前提和原则，系统地反映存在的问题及原因，从而进一步找出解决问题的方法。需要遵循以下4个原则。

规范性：数据分析报告中所使用的名词术语一定要规范，标准统一，前后一致，要与业内公认的术语一致。

重要性：数据分析报告一定要体现数据分析的重点，在各项数据分析中，应该重点选取关键指标，科学专业地进行分析，此外，针对同一类问题，其分析结果也应当按照问题重要性的高低来分级阐述。

谨慎性：数据分析报告的编制过程一定要谨慎，基础数据必须真实、完整，分析过程必须科学、合理，分析结果要可靠，内容要实事求是。

创新性：当今科学技术的发展可谓日新月异，许多科学家也都提出了各种新的研究模型或者分析方法。数据分析报告需要适时地引入这些内容，一方面可以用实际结果来验证或改进它们；另一方面也可以让更多的人了解到全新的科研成果，使其发扬光大。

（2）数据分析报告的写作框架

一般而言，数据分析报告有特定的框架，但这种结构框架也并非一成不变，根据不同的决策者、不同的客户、不同的数据分析目的等，最后形成的数据分析报告框架可能不尽相同。

最常用的数据分析报告框架为总—分—总结构，即包括开篇、正文和结尾三个部分，开篇包括标题、目录和前言，主要包括分析背景、目的与思路；正文部分主要包括具体分析过程与结果；结尾部分包括结论、建议及附录。

① 开篇部分。

第一是标题，标题是一份报告的文眼，是全篇报告最浓缩的精华。标题要精简干练，根据版面的要求在一两行内完成标题，同时也是一种语言艺术。好的标题不仅可以简洁明了地展示数据分析的主题，让读者能毫无偏差地理解这篇分析报告的主要目的，而且能够激发读者的阅读兴趣。

标题常用的类型包括三种：解释基本观点，概括主要内容和交代分析主题。

a. 解释基本观点是使用观点句来点明数据分析报告的基本观点。

b. 概括主要内容则重在叙述数据反映的基本事实，概括分析报告的主要内容，让读者能够更好地抓住全文的中心。如某公司销售额比去年增长30%，2022年公司业务运营情况良好等。

c. 交代分析主题更倾向于反映分析的对象范围、时间、内容等情况，并不点明分析人员的看法和主张，如发展公司业务的途径、2022年运营分析、2022年第一季度部门业务对比分析等。

第二是目录，目录可以帮助读者方便快捷地找到所需的内容，因此要在目录中列出报告主要的章节名称。如果是在文本文档中撰写报告，还应当在章节名称后面加上相应的页码。对于比较重要的二级目录也可以将其列出来。从另一个角度来说，目录也就相当于数据分析报告的大纲，它可以体现出报告的分析思路，但也要注意不宜太过详细，太长的目录阅读起来冗长耗时，重点也不突出。

第三是前言。前言是数据分析报告的重要组成部分，其内容是否正确，对报告最终是否能够解决业务问题，是否能够给决策者提供有效依据，具有非常重要的作用。前言主要包括分析背景、目的以及思路三个方面。分析背景是说明为什么要开展此次分析，有何意义；分析目的是明确通过此次分析要解决什么问题、达到何种目的；分析思路是告诉读者我们将如何开展此事，分析主要通过哪几个方面开展。

② 正文部分。

正文是数据分析报告的核心，它系统全面地表述数据分析的过程与结果。在撰写报告正文时，根据之前分析思路中确定的每项分析内容，利用各种数据分析方法一步步地展开分析，通过图表与文字相结合的方式形成报告正文，方便阅读者理解。一篇报告只有想法和主张是不够的，必须经过科学严密的论证才能确认观点的合理性和真实性，才能使别人信服。因此报告正文部分的论证是极为重要的。

数据分析报告正文显著的特点如下：

a. 正文部分是整个数据分析报告最长的主体部分。

b. 包含所有数据分析事实和观点。

c. 通过数据图表和相关的文字相结合。

d. 正文各部分具有逻辑关系。

③ 结论与建议部分。

数据分析报告的结尾是对整个数据分析报告结果的综合与总结，观点的提升与深化，是得出结论、提出建议、解决矛盾的关键所在，它起着画龙点睛的作用。好的结尾可以帮助读者明确主旨，加深对数据分析结果的认知，引发业务思考。

结论是以数据分析结果为依据得出的。分析结果通常以综述性的文字来说明，但结论并不是分析结果的简单重复，而是在结合公司实际业务的基础上，经过综合分析、逻辑推理形成的总体论点。结论是去粗取精、由表及里而抽象出的共同的、本质的规律。它与正文紧密衔接，与前言相呼应，使数据分析报告首尾呼应，结论的措辞应注意严谨准确，论点鲜明。

建议部分则是根据数据分析结论对企业或业务等所面临的问题提出的改进方法。建议主要关注保持优势和弥补劣势等方面。因为分析人员所给出的建议主要是基于数据分析结果而得到的，有可能存在局限性，因此必须结合公司的具体业务或实际情况才能得到切实可行的建议。

9.5　典型案例实操：WHO数据可视化案例

世界卫生组织（WHO）是联合国系统内卫生问题的指导和协调机构。它负责对全球卫生事务提供领导，拟定卫生研究议程，制定规范和标准，阐明以证据为基础的政策方案，向各国提供技术支持，以及监测和评估卫生趋势，其宗旨是使全世界人民获得尽可能高的健康水平。WHO的主要职能包括：促进流行病和地方病的防治；提供和改进公共卫生、疾病医疗和有关事项的教学与训练；推动确定生物制品的国际标准。

WHO还提供开放的全球卫生信息数据库，供世界各地的公民、决策者及组织使用，将这些数据进行可视化分析有助于了解全球健康卫生状况和趋势；更好地帮助跨境电子商务经营者及商务数据分析师了解各国的社会环境差异、人口结构差异等，为决策提供有效的宏观数据和信息。

本案例提取全球卫生信息数据库中194个国家和地区的相关数据，特别是人口结构、生育率、识字率、平均寿命等方面的信息，试图通过ggplot2进行可视化分析，得出各因素的相关情况。

使用的数据集文件名为："WHO.csv"，代码文件为："WHO可视化.R"。案例数据集包含的具体变量如表9-4所示。

表9-4 变量一览表

变量名	变量定义
Country	国家
Region	所属地区（洲）
Population	国家总人口数
Under15	15岁以下的人口占比
Over60	超过60岁的人口占比
FertilityRate	生育率
LifeExpectancy	人均预期寿命
Child Mortality	儿童死亡率
CellularSubscribers	移动用户数量
LiteracyRate	识字率
GNI	国民总收入
PrimarySchoolEnrollmentMale	接受小学教育的男性人口的百分比
PrimarySchoolEnrollmentFemale	接受小学教育的女性人口的百分比

实操要求：

请下载数据集文件"WHO.csv"，以及代码文件"WHO可视化.R"。在Rstudio中导入数据，并完成以下问题。

1. 为了制作GNI和FertilityRate关系的散点图，应使用什么代码？（　　）

A．geom_line( )　　　　　　B．geom_point( )

C．geom_bar( )　　　　　　D．geom_boxplot( )

2. 如果将geom_point的shape改为17，则对应的形状是（　　）。

A．圆圈　　　　　　　　　　B．菱形

C．星星　　　　　　　　　　D．实心三角形

3. 使用WHO数据并用ggplot2作国民总收入GNI与生育率FertilityRate之间关系的散点图［可使用命令ggplot（WHO, aes（x =GNI，y = FertilityRate））+ geom_point( )］，按照地区（变量Region）上色，则可以发现下面哪个区域的GNI低但是生育率高（　　）。

提示：如果觉得颜色很难区分，可以在命令后添加：scale_color_brewer（palette="Dark2"）

A．Americas　　　　　　　　B．Africa

C．Eastern Mediterranean　　D．Europe

4. 探索变量LifeExpenctancy（人均预期寿命）与Under15（15岁以下人口占比）之间的

关系，判断两者数据间是否呈现线性关系。（　　）

  A．FertilityRate与Under15呈线性关系

  B．FertilityRate与Under15不呈线性关系

  C．FertilityRate与log（Under15）呈线性关系

  D．log（FertilityRate）与Under15呈线性关系

5．设置99%置信区间回归线代码为：stat_smooth（method = "lm"，_____）

6．将置信区间去掉的代码为：stat_smooth（method = "lm"，_____）

7．改变回归线的颜色为橘色，实现的代码为：stat_smooth（method = "lm"，se = FALSE，_____）

附　录
逻辑回归模型的估计

首先计算逻辑回归模型中Y_i的概率分布：

$$P(Y_i \mid X_i) = \begin{cases} \dfrac{\exp(X_i'\beta)}{1+\exp(X'\beta)}, & Y_i = 1 \\ \dfrac{1}{1+\exp(X'\beta)}, & Y_i = 0 \end{cases} \qquad (\text{附}1)$$

$$P(Y_i \mid X_i) = \left\{ \dfrac{\exp(X_i'\beta)}{1+\exp(X'\beta)} \right\}^{Y_i} \left\{ \dfrac{1}{1+\exp(X'\beta)} \right\}^{1-Y_i} \qquad (\text{附}2)$$

然后所有Y_i的联合分布函数即为似然函数：

$$\prod_{i=1}^{n} P(Y_i \mid X_i) = \prod_{i=1}^{n} \left\{ \dfrac{\exp(X_i'\beta)}{1+\exp(X'\beta)} \right\}^{Y_i} \left\{ \dfrac{1}{1+\exp(X'\beta)} \right\}^{1-Y_i} \qquad (\text{附}3)$$

通过最大化似然函数，就能得到"最大似然估计"，对式（附3）取对数函数并进行优化，得到

$$L(\beta) = \sum_{i=1}^{n} \log\{P(Y_i \mid X_i)\} = \sum_{i=1}^{n} \left[Y_i \log\left\{ \dfrac{\exp(X_i'\beta)}{1+\exp(X'\beta)} \right\} + (1-Y_i)\left\{ \dfrac{1}{1+\exp(X'\beta)} \right\} \right] \qquad (\text{附}4)$$

由于对数变换是单调的，因此最大化对数似然函数也就是最大化式（附4）的似然函数。虽然式（附4）的最优解没有显式解，但使用经典的优化方法（比如牛顿迭代法），就能得到最大似然估计。